Samuel Leuenberger

Keine falsche Scham im interreligiösen Dialog

Samuel Leuenberger

Keine falsche Scham im interreligiösen Dialog

Die Baha'i und ihr vorbildliches Eintreten für Absolutheitsanspruch im interreligiösen Gespräch

Fromm Verlag

Impressum / Imprint
Bibliografische Information der Deutschen Nationalbibliothek: Die Deutsche Nationalbibliothek verzeichnet diese Publikation in der Deutschen Nationalbibliografie; detaillierte bibliografische Daten sind im Internet über http://dnb.d-nb.de abrufbar.

Bibliographic information published by the Deutsche Nationalbibliothek: The Deutsche Nationalbibliothek lists this publication in the Deutsche Nationalbibliografie; detailed bibliographic data are available in the Internet at http://dnb.d-nb.de.

Coverbild / Cover image: www.ingimage.com

Verlag / Publisher:
Fromm Verlag
ist ein Imprint der / is a trademark of
OmniScriptum GmbH & Co. KG
Heinrich-Böcking-Str. 6-8, 66121 Saarbrücken, Deutschland / Germany
Email: info@frommverlag.de

Herstellung: siehe letzte Seite /
Printed at: see last page
ISBN: 978-3-8416-0396-8

Aufsatz von Samuel Leuenberger, Prof. Emeritus der STH Basel

KEINE FALSCHE SCHAM IM INTERRELIGIÖSEN DIALOG

DIE BAHA'I UND IHR VORBILD LICHES EINTRETEN FÜR ABSOLUTHEITSANSPRUCH IHRER RELIGION IM INTERRELIGIÖSEN DIALOG

DISPOSITION

Vorwort

Gerade angesichts von Absolutheitsansprüchen, die häufig das so sehr ersehnte Ziel von Frieden und wertschätzendem Verständnis unter Menschen verschiedener Religionen und Kulturen in Frage stellen, ist die Frage nach Berechtigung oder Fragwürdigkeit von Absolutheitsansprüchen höchst aktuell. Sogar innerhalb der Grossreligion „Islam“ gibt es unter den repräsentativsten Glaubensgemeinschaften Schiiten und Sunniten blutige Auseinandersetzungen, worüber uns die Medien im Zusammenhang mit dem Irak Krieg häufig orientiert haben. Es gibt eine für den grössten Teil des Islam verbindliche Koraninterpretation, was vor allem die Sunniten betrifft, über welche die Azhar Universität in Kairo streng wacht[1]. Wer diese Koraninterpretation kritisch hinterfragt, bringt sich unter Umständen in Lebensgefahr. Glaubensminderheiten wie die der „Sufis“, der Aleviten, besonders aber der Baha'i Religion, die eine Abspaltung vom Islam ist, müssen immer wieder innerhalb der vom Koran und der Scharia geprägten Kulturkreise Verfolgung erleben. Liberal denkende, d.h. den Koran historisch-kritisch interpretierende Moslems, müssen sich mit ihren Meinungen sehr zurückhalten, wenn sie nicht ihre Stelle oder gar ihr Leben verlieren wollen. Totalitarismen und Absolutheitsansprüche finden wir auch innerhalb des Hinduismus, wenn wir an die Auseinandersetzungen mit den „Sikhs“ denken. Und vor allem müssen wir als Christen zuerst vor unsrer eigenen Türe wischen. Man vergesse nicht die traurigen Glaubenskriege zwischen den verschiedenen christlichen Konfessionen. Im speziellen Gedenkjahr an die Täufer (2007) gedachten unsere schweizerisch-reformierten Landeskirchen des Unrechts, das den Täufern zur Zeit der Reformation, aber auch noch später angetan worden ist. Dennoch darf unsere Schuld uns niemals davon abhalten, den biblischen Befund ernsthaft zu reflektieren in Bezug auf Wahrheit und Verbindlichkeit. Dabei müssen wir aber klar unterscheiden zwischen dem, was die Hl. Schrift sagt und dem, was Menschen in ihrer Kurzsichtigkeit und Arroganz von den diesbezüglichen Aussagen der Bibel pervertiert haben.
Beim folgenden Versuch, Wahrheit und Absolutheit nach dem Befund im AT sowie im NT zu definieren, fällt auf, wie viele Parallelen und Gemeinsamkeiten diesbezüglich in der Baha'i Religion zu finden sind. Die Aufgabe dieses Aufsatzes ist, aufzuzeigen, wie sorgfältig und mutig zugleich die Baha'i Religion mit ihrem Absolutheitsanspruch im interreligiösen Dialog umgeht, so dass die Haltung der Baha'i diesbezüglich für uns Christen zum Vorbild wird.

---

1 Vgl. Mark A. Gabriel, „Islam und Terrorismus“, Verlag Ingo Resch, D- Gräfelfing 1994, S. 18

I. DIE FRAGE NACH WAHRHEIT UND ABSOLUTHEITSANSPRUCH

1. Definition von Wahrheit und Absolutheit im AT und NT

a) Im Alten Testament

Ich wage, in unserem beschränkten Rahmen Wahrheit und Absolutheitsanspruch sehr plakativ zu definieren anhand des biblischen Befundes. Das hebräische Wort „ämät" ist vielschichtig. Wahrheit im Sinn der „ämät" beinhaltet in erster Linie Gottes Treue in Seinen Zusagen (Verheissungen), aber auch die Zuverlässigkeit Seiner den Menschen gegebenen Ordnungen. Wahrheit als „ämät" ist eng mit „chäsäd" verbunden, mit Gottes Gnade und Huld, aber auch mit „zädäk", mit Seiner Gerechtigkeit. Besonders deutlich kommt das zum Tragen im Psalm 85,11-12, wo verschiedene wesentliche Aspekte von Wahrheit integriert sind: Treue, Zuverlässigkeit, Huld und Gnade, sowie Frieden und Gerechtigkeit: *„Gnade und Treue begegnen einander, Gerechtigkeit und Frieden küssen sich. Treue sprosst auf aus der Erde, und Gerechtigkeit schaut hernieder vom Himmel."* [2]

Zuverlässig im Sinn von gesunder Ordnung schaffend sind Gottes Gebote, die vor allem im Dekalog eine universal anwendbare Ethik ermöglichen. Es handelt sich um eine Ethik, die Frieden und Gerechtigkeit für jedermann bringt. Hier begegnen wir Wahrheit als einer praktischen Forderung, die ausgelebt werden muss, wenn menschliche Gesellschaft überhaupt funktionstüchtig sein soll. Der Gott des AT zeigt sich als Bürge der sittlichen und rechtlichen Norm, was durch den Bund mit Seinem auserwählten Volk zum Ausdruck kommt. Eine besonders eindrückliche Zusammenfassung dessen, was Wahrheit in Bezug auf den lebendigen Gott alles beinhaltet, zeigt sich im Bussgebet von Nehemia 9. Wenn auch der Begriff „ämät" für Wahrheit und Treue nicht explizit in diesem

---

[2] Zürcher Übersetzung für alle Bibelzitate, wenn nicht anders vermerkt

Kapitel abgehandelt wird, so finden wir aber in materialer Hinsicht die wichtigsten Bestandteile, die zur Wahrheit gehören. Am Anfang der Bussversammlung steht der Lobpreis. Der Text stellt Gott dar als denjenigen, der über allen Ruhm erhaben ist (V.5). Die Wahrheit hat es wesentlich mit der Tätigkeit des Lobpreises zu tun. Zur Wahrheit gehört als Kardinalerkenntnis Gottes Einzigartigkeit und Schöpfermacht, der aus dem Nichts schafft, gestaltet und alles erhält. So heisst es in V.6: *„.Du allein bist der Herr; Du hast den Himmel und aller Himmel Himmel und ihr ganzes Heer gemacht, die Erde und alles, was drauf ist...., Du erhältst alles lebendig..."* In den VV.7-8 spricht der Text von Gott, der den Abraham als Stammvater erwählt und mit ihm und den aus ihm hervorgegangenen Volk einen Bund geschlossen hat. Wahrheit kommt hier zur Geltung im handelnden und Geschichte schaffenden Gott.
In den VV.9-12 sehen wir Wahrheit in den verschiedenen Handelsweisen Gottes, die als beispielhafte Verhaltensmuster für uns Menschen sehr wertvoll sind. Gott sieht das Elend seines in Ägypten versklavten Volkes. Wir haben es nicht mit einem fernen, am Schicksal der Menschen uninteressierten Gott zu tun. Er ist ein Gott der Befreiung und Führung, der die nach Seinem Ebenbild gestalteten Geschöpfe nicht einem blinden Geschick überlässt. Er ist ein Orientierung schenkender Gott durch die Führungsweisen in der Wüste, was die Wolkensäule und Feuersäule signalisieren.
V.13 macht uns die dialogische Struktur der Wahrheit bewusst bei der Gabe des Dekalogs: *„Du fuhrst herab auf dem Berg Sinai und redetest mit ihnen vom Himmel her und gabst ihnen richtiges Recht (mischpathim jöscharim), zuverlässige Weisungen (torot ämät), gute Satzungen und Gebote."* Gott redet also mit Seinem Volk, womit deutlich wird, dass manches, was an diesem Bundesgott bei oberflächlicher Betrachtungsweise zunächst patriarchalisch-monologisch aussieht, bei

gründlicherer Untersuchung Seine auf Dialog hin ausgerichtete Natur offenbart. Das Moment der Verlässlichkeit und somit der Vertrauenswürdigkeit des Gottes Israels zeigt sich in dieser Betonung von *„zuverlässigen Weisungen, guten Satzungen und Geboten..."* Da drängt sich einem die Frage auf, ob es ein bereits im AT inhärentes Schriftverständnis gibt, also eine in den Schriften des Alten Bundes angelegte legitime Verstehens – und Interpretationsweise. Die in V. 13 gemachte Aussage könnte ja auch einer kasuistischen Akribie von Wortauslegung in die Hände spielen. Doch eine wichtige Stütze für eine den Gesamtzusammenhang im Auge behaltenden Interpretationsweise finden wir in Ps.119, 160, welche so etwas wie ein „locus classicus" ist für eine gesunde Hermeneutik. Wir finden dort die Aussage in der Wiedergabe der Zürcher Übersetzung „die Summe Deines Wortes ist Wahrheit" (rosch döbarächa ämät). Der Begriff „rosch" [3] im Hebräischen bedeutet Kopf, aber auch Spitze, Oberstes. Die Vermutung liegt nahe, dass die Übersetzung von „rosch" mit Summe den Blick aufs Ganze meint, das, was sich als die wesentliche Botschaft im Gesamtzusammenhang der Hl. Schrift herauskristallisiert. Und dieses Herauskristallisierte ist eben Wahrheit, ist das, was sich bewährt im Glauben und Handeln und kommt zum Tragen durch die Selbstinterpretation der Hl. Schrift.

Die Lutherübersetzung könnte diesbezüglich missverständlich sein, wenn sie den Vers so wiedergibt: *„Dein Wort ist nichts als Wahrheit"*. So übersetzt kann dies einem Verständnis Vorschub leisten, das die Unterschiede von Zeitbedingtem und beständig Aktuellem zu wenig scharf unterscheidet und somit auch einen gesetzlichen Umgang mit der Hl. Schrift fördert (man denke diesbezüglich u.a. an die kontroversen

[3] Vgl. Konkordanz zum Hebräischen AT, Württembergische Bibelanstalt, Stuttgart 1958. S. 1300

Frauenstellen des Apostels Paulus und die in gewissen Kreisen darauf gestützte vehemente Verneinung des Pastoren Amtes der Frau). Die Septuaginta übersetzt die Stelle von Ps.119, 160 folgendermassen, worauf sich auch die Vulgata stützt: *„Archae toon logoon sou alaetheia…“* Vulgata: *„Principium verborum tuorum veritas.“*
Der Begriff „archae“ bedeutet im Griechischen nicht nur Anfang, Beginn, es bedeutet auch Herrschaft, Prinzip. Der Begriff „principium“[4] im Lateinischen kann sogar Hauptplatz bedeuten, wo die Feldherren im alten Rom an die Soldaten ihre Reden gehalten haben. Von der Septuaginta wie von der Vulgata her kann im bestätigenden Sinn die Zürcher Übertragung gut gestützt werden. Frei übersetzt könnte man den Text von Ps.119, 160 in der Septuaginta so wiedergeben: *„Das, was Herrschaft ausübt im Gesamtzusammenhang der Hl. Schrift, ist Wahrheit.“* Gemäss der Vulgata dürfte die Übersetzung lauten: Der Hauptplatz der Hl. Schrift ist Wahrheit.
Nach diesem Exkurs möchte ich weitere Elemente der Wahrheit nach Neh. 9 aufzeigen:
Im V.15 zeigt sich Gott als einer, der sein Volk versorgt. Es ist die sozial-diakonische Seite der Wahrheit, die uns hier so deutlich begegnet.
Von nicht zu unterschätzender Bedeutung sind nun die VV. 16-19. Der Text schmeichelt in keiner Art und Weise dem Bundesvolk, sondern er zeigt Israel in seinem Ungehorsam und in seiner Undankbarkeit gegenüber den von Gott erwiesenen Wohltaten. Es ist vor allem der kritische Aspekt der Wahrheit, der hier zum Tragen kommt. Wahrheit darf nicht blind sein gegenüber den Defiziten menschlichen Verhaltens. Gegenüber der Wahrheit, die gerade in ihrer kritisch aufdeckenden Art auch schmerzt, kommt die Gnade und Barmherzigkeit Gottes in tröstender

---

4 Vgl. Lateinisch-Deutsches Handwörterbuch, Karl Ernst Georges, Bd. II, Hannover 1988, S. 1925

Weise zur Geltung: VV. 17 ff... *„Aber Du bist ein Gott der Vergebung, gnädig und barmherzig, langmütig und reich an Huld. Du verliessest sie nicht, obgleich sie ein gegossenes Kalb machten...und obgleich sie überaus Lästerliches verübten."* Wie sehr der Text von Neh. 9 dem kritischen Element der Wahrheit Beachtung schenkt, sehen wir daran, dass dieser Aspekt in den VV. 26-29 nochmals thematisiert wird.

In all dem, was sich als wahrheitsträchtig in Neh.9 ergibt, können wir sehen, wie bereits die Menschenfreundlichkeit Gottes, die „humanitas Dei", aufleuchtet. Das kommt übrigens auch sehr schön zum Ausdruck im Buch Deuteronomium, das den Fremden als gleichwertigen Menschen sieht, auf den dasselbe Recht der Menschenfreundlichkeit anzuwenden ist wie gegenüber den Einheimischen. Denken wir an Deut.24, 17-22: *„Du sollst das Recht des Fremdlings und der Waise nicht beugen und sollst das Kleid der Witwe nicht zum Pfand nehmen. Du sollst daran denken, dass du Sklave gewesen bist in Ägypten und dass der Herr, Dein Gott, dich von dort befreit hat; darum gebiete Ich dir, dass du solches tust. Wenn du auf deinem Felde deine Ernte schneidest und eine Garbe auf dem Felde vergisst, so sollst du nicht umkehren, sie zu holen; dem Fremdling, der Waise und der Witwe soll sie gehören, auf dass der Herr, Dein Gott, dich segne bei aller Arbeit deiner Hände."*

Es ist diese Menschenfreundlichkeit Gottes, bei dem es kein Ansehen der Person gibt.

Diesen Gott der Menschenfreundlichkeit, wie Ihn bis zu einem gewissen Grad bereits das AT kennt, darf nicht durch Fremdkulte konkurrenziert werden. Seine Einzigartigkeit, die sich von paganen Ritualen mit magischem „Know-how" und Beschwörungstaktiken vehement distanziert, zeigt etwas von diesem Absolutheitsanspruch. Verbindung mit Gott über magische Rituale, durch die man Ihn in Griff bekommen könnte, ist nicht nur eine Unmöglichkeit, sondern sogar eine Blasphemie. Der

Absolutheitsanspruch im AT steht bereits im Dienst der Menschenfreundlichkeit, weil entmündigenden manipulatorischen Methoden der Riegel geschoben wird. Diese Tatsache wird besonders schön erhellt in den gegenüber dem Volk Israel misslungenen Machenschaften des Zauberers Bileam, der auf Geheiss des Moabiter Königs Balak das an der Grenze Moabs vorbeiziehende Volk Israel hätte verfluchen sollen. Der Text von Num.23, 19-23 zeigt so deutlich diese gegen das Pagane gerichtete Schlagseite. Bileam sagt: *„Gott ist kein Mensch, dass Er lüge, kein Menschenkind, dass Ihn gereue. Was Er gesprochen, sollte Er's nicht tun? Was Er geredet, sollte Er's nicht tun? ... Siehe, zu segnen bin ich geheissen; so muss ich segnen und kann es nicht wenden: Nicht schaut man Ungemach in Jakob, nicht sieht man Unheil in Israel. Der Herr, Sein Gott, ist mit ihm...Gott, der sie aus Ägypten geführt, ist ihnen Waffe wie die Hörner dem Wildstier. Denn kein Zauber hat Macht über Jakob, keine Beschwörung über Israel."*

Die Betonung des Segnens und damit des von Gott ausgehenden Segens ist ein weiteres wesentliches Merkmal der Wahrheit.

Die Erkenntnis des Gottes Israels mit all dem, was Ihn im Sinn von Wahrheit auszeichnet, wird dem Fremdling, der offenbar einer andern Religion angehört, nicht aufgezwungen. Ein interessantes Beispiel dafür finden wir im 1.Kp. des Buches Ruth. Noemi, die zur Zeit ihres mehrjährigen Aufenthaltes in Moab es erlebte, wie ihre Söhne moabitische Frauen heirateten, übte in keiner Weise auf ihre Schwiegertöchter Orpa und Ruth Druck aus, sich dem Gott Israels zuzuwenden. Als Noemi nach dem Tod ihres Gemahls und ihrer Söhne mit den Schwiegertöchtern allein zurückgelassen worden war, sehnte sie sich, in ihre Heimat Israel zurückzukehren. Sie stellte es ihren Schwiegertöchtern frei, in Moab zu bleiben. Orpa, die ihrer Kultur treu bleiben wollte, hat Noemi Ruth gegenüber sogar mit folgenden Worten

als Beispiel hingestellt: „*Siehe, deine Schwägerin ist heimgekehrt zu ihrem Volk und zu ihrem Gott; so kehre du auch um und folge deiner Schwägerin!* (Ruth 1,15)".
Wir haben es hier im AT zumindest mit einem Ansatz von Glaubens – und Gewissensfreiheit zu tun. Wahrheit muss Raum für freie Entscheidung geben.

b) Im NT
Das NT nimmt den alttestamentlichen Begriff der Wahrheit auf, weitet diesen aber sehr aus. „Alaetheia" ist wörtlich das nicht Verborgene, das Enthüllte oder Offenbarte. Der Wahrheitsbegriff im NT ist in einzigartiger Weise personal bestimmt. Wahrheit enthüllt und erfüllt sich in der Person Jesu. Denken wir an Joh.1, 14: „*Und das Wort ward Fleisch und wohnte unter uns, und wir schauten Seine Herrlichkeit, eine Herrlichkeit, wie sie der einzige Sohn von Seinem Vater hat, voll Gnade und Wahrheit.*"
Oder denken wir an Joh.1, 17: „*Denn das Gesetz ist durch Moses gegeben worden, die Gnade und die Wahrheit ist durch Jesus Christus gekommen.*"
Das Verständnis von Wahrheit ist aufs engste mit dem Akt des Bezeugens verbunden.
In Seinen an feindlich gesinnte Juden gerichteten Reden nimmt Jesus das Thema des Zeugnisses auf im Zusammenhang mit der Wahrheitsfrage.
So sagt Er in Joh.5, 32-33: „*Ein anderer ist es, der über Mich zeugt, und Ich weiss, dass das Zeugnis wahr ist, das Er über Mich ablegt. Ihr habt zu Johannes gesandt, und er hat für die Wahrheit Zeugnis abgelegt.*"
Beim Verhör durch Pilatus macht Jesus in Joh.18, 37-38 geltend, wie sehr es Ihm um die Wahrheit geht: „*Ich bin dazu geboren und dazu in die Welt gekommen, dass Ich für die Wahrheit zeuge. Jeder, der aus der Wahrheit ist, hört Meine Stimme.*" Pilatus stellt Jesus die so berechtigte Frage:

„Was ist Wahrheit?“ Jesus gibt keine direkte Antwort auf diese Frage, aber das, was durch Seine Taten folgt, ist die Antwort, nämlich die uns Heil schenkende Leidens – und Auferstehungsgeschichte Jesu, das heisst das Evangelium.[5]

Für die in Jesus beschlossene Wahrheit gibt es den innergöttlichen Zeugen des Hl. Geistes, was Johannes 15,26 auf geheimnisvolle Weise aussagt: *„Wenn der Beistand kommt, den Ich euch vom Vater her senden werde, der Geist der Wahrheit, der vom Vater ausgeht, so wird der von Mir zeugen.“*

Wahrheit ist Gottes heilsgeschichtliches Handeln an uns durch das Geschenk von Jesus. Wahrheit lädt zur Nachfolge ein im Hören auf Jesu Stimme. Es geht also bei der Wahrheit um wesentlich mehr als um korrekte Lehre über Gott und die richtige Erkenntnis über Ihn. Das religionsgeschichtlich Einmalige ist das so stark an eine Person Gebundene der Wahrheit, was in der berühmten „Ich bin – Rede“ Jesu von Joh.14, 6 prägnant zum Ausdruck kommt: *„Ich bin der Weg, die Wahrheit und das Leben, niemand kommt zum Vater ausser durch Mich.“*

Die personal verstandene Wahrheit meint, dass in der Gestalt Jesu, also in all dem, was Er getan, gelehrt, gelebt und für die Zukunft verheissen hat, vor allem in Seiner gegenwärtigen Präsenz durch den Hl. Geist, sich optimale sinngebende und tragende Wirklichkeit durchsetzt in der ich - Du Beziehung des Glaubenden. Wahrheit ist jeglicher Art von Indoktrination entgegengesetzt. Paulus fordert in 1.Thess.5,21 zum kritischen Prüfen auf: *„Alles aber prüfet, das Gute behaltet!“*

Zur Wahrheit gehört die Forderung der Mündigkeit. Das kritische Prüfen führt zu dieser Mündigkeit. Mündigkeit und Wahrheit verbindet Paulus sehr schön miteinander in Epheser 4,14-15: „Wir *sollen nicht mehr*

---

[5] Vgl. Leon Morris, The Gospel according to John, New London Commentaries, London 1974, S. 294

Unmündige sein, wie auf Wellen hin und her geworfen und umhergetrieben von jedem Wind der Lehre durch das trügerische Spiel der Menschen, durch Schlauheit zu Verführung in Irrtum. Wir sollen vielmehr, die Wahrheit in Liebe festhaltend, in allen Stücken hinanwachsen zu Ihm, der das Haupt ist, Christus."

Die so eng mit Mündigkeit in Zusammenhang gebrachte Wahrheit hat es mit der Haltung zu tun, sich nicht fremd bestimmen und manipulieren zu lassen. Zum Umfeld der Wahrheit gehört, dass einem Entwicklungsphasen und Prozesse der Meinungsbildung zugestanden werden. Wenn wir Wahrheit, so wie sie uns in der Hl. Schrift begegnet, zusammenfassen und auf den Punkt bringen, so begegnet uns „humanitas Dei", Menschenfreundlichkeit Gottes im Sinn des non plus ultra. Weil es im tiefsten Wesen der Wahrheit um Gottes menschenfreundliches Handeln an uns Menschen geht, also um Konstruktives schlechthin, deshalb wird Wahrheit auch mit der Heiligung verbunden, mit der Forderung nach einem konstruktiven Lebensvollzug. Das spricht Jesus in Seiner Bitte in Joh.17, 17 aus: *„Heilige sie in der Wahrheit; Dein Wort ist Wahrheit.".*

Das Gegenteil von Wahrheit ist nach Joh.8, 44 der „anthropoktonos", der Menschenmörder, der „diabolos", der Durcheinanderbringer oder Chaot. Von diesem heisst es dort, dass Wahrheit in ihm nicht vorhanden ist; denn er ist ein „Pseustaes", ein Lügner.

Es geht bei der Wahrheit um die von Gott gestiftete Wirklichkeit. Zu dieser Wirklichkeit gehört Seine Offenbarung, wer Er ist, worin Er sich spiegelt (die zum Staunen einladende Schöpfung des Universums), was Er für uns tut, was Er von uns fordert, was Er zur Wiederherstellung der gefallenen Schöpfung an hoffnungsvollen Verheissungen schenkt. Der Weg, den Gott mit den Menschen und Völkern geht, zeigt sich zuerst modellhaft, d.h. exemplarisch in Seinem Handeln mit dem Bundesvolk Israel.

Jesus als die personal verstandene Wahrheit verlangt danach, von Seinen Jüngern bezeugt zu werden durch die Realisierung des Missionsauftrags in Mt.28, 19-20.

Bevor ich als Abgrenzung und Kontrast zur Wahrheit auf den destruktiven Absolutheitsanspruch eingehe, erwähne ich stichwortartig und zusammenfassend die bereits genannten Elemente, welche die Wahrheit ausmachen:

Gott, der den Lobpreis der Menschen entgegennimmt

Gott, der in Seiner Bundestreue die Menschen durch die Geschichte führt

Gott, der Gerechtigkeit und Frieden schafft durch Seine Ordnungen

Gott, der das Wesentliche in der Summe Seines Wortes offenbart

Gott, der zur Selbstkritik auffordert, jedoch gegenüber den fehlenden Menschen sich als barmherzig und gütig zeigt

Gott, der den Dialog zu den Menschen sucht als persönliches Gegenüber

Gott, der sich in Seiner Offenbarung als zuverlässig und vertrauenswürdig erweist

Gott, der sich nicht aufzwingt, sondern die freie Entscheidung respektiert (Ruth 1,15).

Gott, der aber auch als Richter über Seinem Recht wacht

Im NT lässt Gott in Jesus die Wahrheit Mensch werden. Die Wahrheit wird von verschiedenen Seiten bezeugt als glaubwürdig. Die Wahrheit zeigt sich im Evangelium des Gekreuzigten und Auferstandenen.

Die Wahrheit fordert auf zum kritischen Prüfen und zur Mündigwerdung.

Die Wahrheit steht jeglicher Manipulation und Fremdbestimmung entgegen.

Die Wahrheit gibt die Freiheit zum Wachstum über verschiedene Prozesse in der Meinungsbildung und im Glauben.

Die Wahrheit vollzieht sich in der Nachfolge Jesu im Sinn eines geheiligten, d.h. konstruktiven Lebensvollzugs. Die Wahrheit verlangt danach, missionarisch bezeugt zu werden und ist somit universal. Die Wahrheit ist die Durchsetzung der „humanitas Dei" in allen Lebensbereichen, wobei die Menschenfreundlichkeit Gottes eine nicht mehr hinterfragbare Angelegenheit im Sinn absoluter Gültigkeit ist; denn in jedem Mensch ist das Verlangen angelegt, wertschätzend, gerecht und mit Liebe und Verständnis behandelt zu werden. Damit wage ich die Behauptung, dass die Relativierung der als verbindliche Wahrheit gesehenen Menschenfreundlichkeit Gottes, d.h. die Ablehnung des Absolutheitsanspruchs dieser verbindlichen Wahrheit, totalitären Tendenzen Tor und Tür öffnet. Ist doch gerade das Festhalten an dieser Wahrheit der „humanitas Dei" als einem nicht aufzugebenden Vermächtnis der Garant der Aufrechterhaltung der Glaubens- und Gewissensfreiheit. Es darf keine Toleranz gegenüber Tendenzen geben, die dieser „humanitas Dei" widersprechen, sonst geht uns mit der Zeit das hohe Gut der Toleranz, ein genuines Vermächtnis vor allem des Neuen Testamentes, aber auch der Aufklärung, verloren.

Wenn wir uns im folgenden Abschnitt mit dem destruktiven Absolutheitsanspruch beschäftigen, so berühren wir ein Thema, das bei den Baha'i ein Dauerbrenner ist.

2. Destruktiver Absolutheitsanspruch als Form von Totalitarismus und die Frage nach der Universalität

a) Destruktiver Absolutheitsanspruch als Form von Totalitarismus

Als totalitär einstufen müssen wir politische oder religiöse Systeme, die unter allen Umständen Macht durchsetzen wollen im Sinn von

Unterdrückung. Mit totalitären Tendenzen haben wir es zu tun, wenn Vertreter einer bestimmten Ideologie diese auf Schleichwegen einbringen und den prüfenden Verstand des Adressaten auszuschalten versuchen. Das kann über Einschüchterungsmethoden geschehen, über Gruppenzwänge oder Gehirnwäsche. Unzählige Beispiele dafür finden wir in linksextremen wie in rechtsextremen politischen Gruppierungen. Mit Lautsprechern sind beispielsweise in der ehemaligen DDR, aber auch in andern Satellitenstaaten Parteiparolen auf den Strassen lautstark verbreitet worden, so dass man sogar in den Häusern in akustischer Hinsicht solcher Indoktrination nicht einmal entgehen konnte. Jegliche Machenschaften, die eine Ideologie mit physischer oder mit psychischer Gewalt durchzusetzen versuchen, sind im Totalitären anzusiedeln. Totalitarismus kennt keine Glaubens – und Gewissensfreiheit, kennt keine Toleranz. Toleranz als dem Totalitären entgegengesetzt ist zu definieren als jene Haltung, die dem Kontrahenten mit Respekt begegnet auch bei sehr unterschiedlichen Auffassungen. Toleranz setzt allerdings voraus, dass innerhalb des Rahmens von Recht und Ordnung geredet und gehandelt wird. Es dürfen niemals Machenschaften geduldet werden, welche Recht und Ordnung über den Haufen werfen. Die Toleranz würde sich sonst ad absurdum führen. So sind Störaktionen durch gewisse Gruppierungen, die in einem Vortrag dem Redner die Möglichkeit nehmen wollen, seine Meinung äussern zu können, sofort durch Ordnungskräfte zu unterbinden. Ganz dem NT entgegengesetzt hat es leider auch Totalitarismus mit christlichem Vorzeichen gegeben. Als Beispiel sei der Gottesstaat Calvins im 16.Jahrhundert in Genf erwähnt, wo es unter der Herrschaft dieses Reformators keine Glaubens- und Gewissensfreiheit gegeben hat und die Stadtbewohner bis in ihr Privatleben hinein durch speziell verordnete Aufsichtsbeamte streng kontrolliert worden sind. Wenn es damals den Begriff der Glaubens –und Gewissensfreiheit und das damit verbundene Recht ohnehin noch nicht gegeben hat - ist dieses doch ein Privileg , das sich erst nach der Französischen Revolution dank biblischer Wurzeln und der Aufklärung durchgesetzt hat - so gab es immerhin bereits in der vorreformatorischen Zeit und während der Geschichtsphase der Reformation grosse graduelle Unterschiede hinsichtlich der Freiheit. Es war ein grosser Unterschied, ob im damaligen Abendland in gewissen Gebieten die Inquisition herrschte oder nicht. Auch unter den deutschen Fürsten in der nachreformatorischen Zeit des 17. und 18. Jahrhunderts gab es erhebliche Unterschiede innerhalb der Handhabung des Rechts von „cuius regio, eius religio“. Gewisse Fürsten lutherischer oder reformierter Prägung boten ihren Untertanen nach ihrem eigenen Ermessen eine gewisse Toleranz in Glaubensfragen, so dass man nicht von Totalitarismus sprechen kann. Andere Fürsten gestanden diesbezüglich ihren Untertanen wenig Freiheit zu, so dass der Begriff totalitär auf solche Herrscher durchaus zutrifft. Diese Problematik kommt deutlich zum Tragen in der Biographie von Paulus Gerhard, der als orthodoxer Lutheraner im Gebiet eines reformierten Fürsten keine Anstellung finden konnte. In der jüngsten Vergangenheit, nämlich in den letzten drei Jahrzehnten des 20.Jahrhunderts, entwickelte sich in den USA eine Theologie, deren Begründer der amerikanische Armenier Rousas John Rushdoony und dessen Schwiegersohn Gary North sind. Es handelt sich um die sog. „Dominion Theology“ - dafür wird auch der Begriff „Reconstructionism“ - verwendet. Das diese Theologie mit Publikationen, Kassetten, Radio- und Fernsehsendungen stützende Werk heisst „Chalcedon Foundation“ mit Sitz in Vallecito, California. Vertreter der „Dominion Theology“ arbeiten darauf hin, dass die „Vereinigten Staaten“ zu einem christlichen Gottesstaat werden, wo es keine konfessionell neutralen Volksschulen und sonstige Ausbildungsstätten mehr geben darf, sondern nur Bildungsanstalten mit christlichen Lehrern.

Dasselbe gilt für sämtliche politischen Gremien sowie für die Justiz, aber auch für die Wirtschaft mit ihren Firmen und Konzernen, in denen ausschliesslich Christen das Sagen haben sollen. Das ganze kulturelle Leben der verschiedenen Künste muss von Christen kontrolliert werden. Auch soll das alttestamentliche Gesetz wieder eingeführt werden mit Todesstrafe für Homosexuelle, Ehebrecher und für Menschen mit einer libertinistisch orientierten Lebenshaltung. Vertreter anderer Religionen wird das Recht abgesprochen, ihren Glauben öffentlich zu vertreten und eigene Kultstätten zu haben.

Wir haben es hier mit einer dem radikalen Islam mit seiner Scharia ähnlichen Bewegung zu tun, wenn auch mit christlichem Vorzeichen. Es gibt also durchaus auch einen Totalitarismus unter einer christlichen Flagge.[6]

b) Die Frage nach der Universalität

In unserm Zusammenhang bedarf der Begriff „universal" der Reflexion. Glaubensgemeinschaften mit Absolutheitsanspruch sind der Überzeugung, dass das von ihnen als Wahrheit Erkannte auch möglichst weltweit verbreitet werden muss. Der Anspruch universaler Verbreitung einer Glaubensauffassung oder einer Ideologie kann sehr leicht totalitäre Ausmasse annehmen wie beispielsweise im Kommunismus oder im korantreuen Islam. Diesbezüglich möchte ich festhalten, dass die Bibel durchaus universale Ziele verfolgt, ohne aber dabei totalitär zu sein. Die Heilige Schrift lehrt, alle Völker und Nationen sollten Jesus als ihren Erlöser und Herrn kennen lernen. Ebenfalls ist Gottes Wort ganzheitlich in dem Sinn, dass der Glaube alle Lebensgebiete durchdringen muss.

---

[6] Aufschlussreich ist die Analyse dieser Theologie in dem Buch von Peter Masters, „World Dominion: The High Ambition of Reconstructionism", The Wakeman Trust, London 1994

Gottes Wort als Wahrheit nimmt nicht nur die Seele des Menschen ernst, sondern auch seine körperlichen und emotionalen Bedürfnisse.
Der christlichen Gemeinde obliegt nicht nur die Aufgabe, biblische Glaubenslehre und Ethik im privaten Leben ernst zu nehmen. Biblischer Glaube soll in die Gesellschaft, Schule und Politik, aber auch in die Wirtschaft, Kunst und Kultur hineinwirken. In diesem Sinn ist christlicher Glaube und biblische Lehre als Wahrheit universal. Nach dem Verständnis des Missionsauftrages der Hl. Schrift sind die Ziele durchaus universal. Es soll zu einem alle Völker verbindenden Glauben kommen. Nach Philipper 2 soll sich jedes Knie vor Jesus beugen und jede Zunge bekennen, Jesus sei der Herr. Das hat aber nichts mit Totalitarismus zu tun. Der grosse Unterschied zu einer totalitären Situation besteht darin, dass das NT keinen Glaubenszwang kennt, überhaupt keine psychische Manipulation. Jesus hat wohl im werbenden Sinn Menschen zur Glaubensnachfolge eingeladen, stets aber die freie Entscheidung des einzelnen respektiert. Wie deutlich das NT Ansätze zur Glaubens – und Gewissensfreiheit und somit zur freien Gesellschaft aufweist, sehen wir beispielsweise in der Art und Weise, wie Jesus mit Personen andern Glaubens und anderer Kulturkreise umgegangen ist. Denken wir an die Heilung der Tochter einer Frau aus Syrophönizien (Mk.7, 24-30). In seiner Areopag- Rede hat Paulus nicht verächtlich zu den Griechen über ihre Gottheiten gesprochen, sondern mit Respekt und Taktgefühl. Er liess sich auf einen Dialog ein, ohne sein Gegenüber zu überreden. Er wollte überzeugen, aber so, dass die Freiheit der Angesprochenen gewahrt bleibt. Als Paulus in Beröa die jüdische Gemeinde mit der Frohen Botschaft zu konfrontieren versuchte, da haben die dortigen Juden seine Ausführungen kritisch hinterfragt. Es heisst in Apg.17, 10ff.: *„Sie hörten sich aufmerksam an, was Paulus und Silas lehrten, wobei sie täglich nachforschten, ob dies mit der Hl. Schrift übereinstimmt."* Paulus hebt

diese Tatsache des Prüfens sogar lobend hervor. Das zeigt uns das Antitotalitäre neutestamentlicher Mentalität. Die „humanitas Dei“ mit ihrer Stosskraft in Richtung Mündigkeit und Freiheit, in Richtung menschenfreundlicher Werte, ist derart wahrheitsträchtig, dass möglichst alle Menschen davon profitieren sollten. Darin liegt der universale Anspruch, aber eben ohne Zwang. In Freiheit soll dieser Wahrheitsanspruch der Werte der Menschenfreundlichkeit entdeckt werden.

Wenn ich jetzt die Baha'i Religion vorstelle mit einem knappen geschichtlichen Überblick sowie mit einer kurzen Einführung in ihre Lehren, so dient das dazu, diese Religion mit ihrem Wahrheitsverständnis besser zu verstehen; denn es ist vor allem dieses Wahrheitsverständnis mit seinem darin integrierten Absolutheitsanspruch, das uns herausfordert, den christlichen Einzigartigkeitsanspruch des Evangeliums nicht zu vergessen, sondern diesen als apologetischen Auftrag im Kontext des interreligiösen Dialogs neu zu überdenken.

II. DIE BAHA'I RELIGION UND IHR ABSOLUTHEITSANSPRUCH ALS AUSGANGSLAGE FÜR DEN DIALOG MIT ANDERN RELIGIONEN

A. KURZE EINFÜHRUNG IN DIE BAHA'I RELIGION UND IHRE LEHRE

1. Entstehungsgeschichtliches[7]

a) Der Bab (1819-1850)

In der Stadt Shiraz in Südpersien erblickte1819 ein gewisser Siyyid Ali Muhammed das Licht der Welt. Er war der Sohn eines angesehenen Kaufmanns. Dieser Siyyid Ali-Muhammed hatte angeblich 1844 eine gewaltige Erleuchtung. Er gehörte einer im 12.Jahrhundert gegründeten

---

7 Kurt Hutten, Seher, Grübler, Enthusiasten, Stuttgart 1982 pp. 796-804

islamisch -schiitischen Reformbewegung an, dem sog. Shaykhismus. In diesem Shaykhismus wurde das baldige Kommen von Heilspropheten gelehrt, welche die wahre Vergeistigung des Islam zum Heil der ganzen Welt bewirken würden.

Die Erleuchtung dieses Syyid Ali Muhammed bestand nun darin, dass er sich plötzlich als der Herold des unmittelbar bevorstehenden Heilbringers verstand. Er sah sich als das Tor, durch welches man diese Heilbringer auf sich zukommen sieht. Deshalb gab er sich den Namen Bab, was so viel bedeutet wie Tor. Der Bab lehrte, dass der unmittelbar bevorstehende Heilbringer (Baha'u'llah) die Schriften der Vergangenheit mit ihren Prophezeiungen vollumfänglich erfüllen wird. Die geistlichen Führer Persiens verfolgten die Anhänger des Bab blutig. Gegen 20'000 Anhänger sind den Märtyrertod gestorben. Bab hat man 1850 in Tabriz öffentlich hingerichtet. Zur Hauptbotschaft von Bab gehörte die Ankündigung jenes Heilbringers, der alle Nationen und Völker der Welt vereinigen und die Einheit der Menschheit bewerkstelligen werde. Sein Grabmal befindet sich am Berg Karmel oberhalb Haifa.

b) Baha'u'llah (1817-1892)

Jünger von Bab gewannen einen Mann adliger Herkunft aus der persischen Stadt Nur. Sein Name ist Mirza Husayn Ali. Er glaubte, der von Bab vorausgesagte „Herr des Zeitalters" zu sein, was er 1863 öffentlich bekannt gab. Er nannte sich Baha'u'llah, was so viel heisst wie die Herrlichkeit Gottes. Bevor er aber dieses Geheimnis seiner hohen Sendung publik werden liess, kam er als Verehrer des Bab ins Gefängnis. Seine Güter konfiszierte die Behörde. In Teheran musste er unter widerlichsten Umständen eine schwere Kerkerhaft absitzen. Nach der Enteignung musste er nach Bagdad in die Verbannung, die 10 Jahre dauerte. Seine Frau und zwei seiner Kinder waren in dieser Verbannungszeit bei ihm. In diesen 10 Jahren – so wird berichtet – hätten ihn Vertreter aller Religionen und christlichen Konfessionen besucht. Den Besuchern ging beim Anhören der Lehrreden Baha'u'llahs die grosse Wahrheit auf, dass Unterschiede der Klasse, Rasse, der Religion und des Geschlechts überhaupt keine Rolle spielen dürfen.

Die Besucher Baha'u'llahs erkannten sich in Anbetracht seiner Lehren als Brüder und Schwestern. Es bildete sich eine Exilgemeinde um Baha'u'llah herum in Bagdad, die sich als Herold eines neuen Zeitalters zu verstehen begann. Die Jahre 1854-1856 verbrachte Baha'u'llah in der Einsamkeit des Gebirges von Kurdistan, um sich dort ganz der Meditation zu widmen. Baha'u'llah und seine Familie mussten auf Veranlassung des persischen Konsuls zur weiteren Verbannung nach Istanbul. Kaum war er nach der Verbannungszeit in Istanbul nach Bagdad zurückgekehrt, musste er erneut ins Exil. In diesem Zeitpunkt – es war das Jahr 1863 - erklärte er, er sei der „Herr des neuen Zeitalters". Er wurde an den Hof des Sultans von Istanbul vorgeladen. Der Sultan verbannte ihn nach Andrianopel, dem heutigen Edirne im Osten der Türkei. Von dort aus schrieb Baha'u'llah Briefe an die grossen Herrscher seiner Zeit. In diesen Sendschreiben ist viel von seiner Lehre zu entnehmen.

1868 kam Baha'u'llah mit seiner Familie in die damals türkische Gefängnisstadt Akka im Heiligen Land, wo er eine neunjährige Kerkerhaft absitzen musste. Doch nützte er die Zeit zum Schreiben, was zu schriftstellerischer Fruchtbarkeit führte. Wegen des vorbildlichen Benehmens Baha'u'llahs und infolge des grossen Zustroms von Verehrern entschloss sich die Regierung, ihm und seiner Familie ein schönes Anwesen auf dem Land in der Nähe Akkas zur Verfügung zu stellen. Unzählige Besucher aus der ganzen Welt suchten Baha'u'allah auf. Die Zeit in „Palästina" war sehr fruchtbar. Seine Schriften mit

Offenbarungscharakter sind Aufrufe an Könige und Kaiser sowie an geistliche Würdenträger. Dazu gehören auch ethische und gesetzgebende Texte, insbesondere das Kitab-i-Aqdas.
Baha'u'llah starb 1892.

c) Abdul'-Baha (1844-1921)

Abdu'l-Baha war der älteste Sohn Baha'u'llahs. Er folgte seinem Vater ins Gefängnis und verbrachte als engster Vertrauter seines Vaters viele schwere Jahre. Von ihm wird gesagt, dass er ein Beispiel menschlicher Vollkommenheit gewesen sei, was seine Liebe und Güte sowie seine Aufopferung für andere betrifft. Er übernahm die Alltagspflichten, als er mit dem Vater im Landhaus in der Nähe von Akka logieren durfte. Er wollte, dass sein Vater seine Zeit ganz für die Niederschreibung der ihm von oben mitgeteilten Offenbarungen brauchen könne. Es ist deshalb auch nicht verwunderlich, dass sein Vater Baha'u'llah diesen Sohn zum bevollmächtigten Ausleger und Verbreiter seiner Lehren eingesetzt hat.
Er verbrachte viele Jahre in Gefangenschaft wie sein Vater, nämlich insgesamt 57 Jahre (von 1852-1909). Abdu'l-Bahas Haft fand ein Ende durch die jungtürkische Revolution. Sein wichtigstes Anliegen war nun, die Lehren seines Vaters in den Westen zu tragen. Im hohen Alter unternahm Abdu'l-Baha Reisen in die ganze Welt. Er folgte Einladungen zu Vorträgen in Kirchen, Synagogen, Moscheen und Universitäten. Trotz seiner vielen Jahre im Gefängnis pflegte er immer wieder zu sagen: *„Es gibt kein Gefängnis ausser dem eigenen Ich.“* Dieser Mann wirkte glaubwürdig; denn trotz seines schweren Schicksals soll er Freude und Gelassenheit ausgestrahlt haben. In mehreren hundert Vorträgen brachte er das Gedankengut seines Vaters an den Mann und an die Frau.
Abdu'l-Baha hat durch das Anlegen von Lebensmittelspeichern in „Palästina“ eine Hungersnot verhindert während des Ersten Weltkrieges.

Der König von England hat ihn wegen seiner Verdienste in Bezug auf Menschlichkeit und Völkerverständigung 1920 geadelt. Nach seinem Tod 1921 hinterliess Abdu'l-Baha in seiner Schrift „Willen und Testament" eine Ordnung für die weitere Konsolidierung der Baha'i Gemeinschaft. In diesem bedeutenden Dokument setzte Abdu'l-Baha seinen Enkel Shogi Effendi als Hüter des Baha'i-Glaubens ein.

d) Shoghi Effendi (1897-1957) und die Organisation der Baha'i-Gemeinde sowie ihre Gottesdienste [8]

Unter Shogi Effendi verbreitete sich der Baha'i-Glaube in der ganzen Welt. Er hatte die Kompetenz, die Schriften von Baha'u'llah und Abdul-Baha richtig auszulegen. Er baute die Organisation, die sog. Verwaltungsordnung weiter aus. Gegründet auf Baha'u'llahs und Abdu'l-Bahas Schriften setzte Shogi Effendi folgende Ordnung durch:

Erstens: Der örtliche Geistige Rat

„Der örtliche geistige Rat" bildet sich aus mindestens 9 Baha'i-Anhängern, die das Alter von 21 Jahren erreicht haben. Wenn die Zahl grösser ist, so werden in geheimer Wahl neue 9 Mitglieder gewählt, wobei die Frauen dasselbe Wahlrecht haben wie die Männer. Die Geistigen Räte werden weltweit am 21. April gewählt; denn am 21. April 1863 hat Baha'u'llah seine geistige Sendung öffentlich proklamiert. Es gehört zu den Grundpflichten des Geistigen Rates, die Lehren Baha'u'llahs im missionarischen Sinn zu verbreiten. So müssen diese Geistigen Räte dafür besorgt sein, in ihrem Wohnsitz regelmässig Versammlungen zu organisieren, die gesellschaftliche, wissenschaftliche und religiös-geistige Interessen fördern. Ist eine Baha'i-Gemeinde gross genug, so kann der Geistige Rat auch Ausschüsse ins Leben rufen, die aus Mitgliedern der

---

8 Ibid., pp. 810 ff.

Ortsgemeinde bestehen müssen. Ein sehr wichtiges Prinzip für die 9 Mitglieder des Geistigen Rates ist, dass sie nicht diktieren dürfen. Sie sind verpflichtet, zu beraten und die Meinung der übrigen nicht zum „Geistigen Rat" gehörenden Gemeindeglieder anzuhören.
Die Demut ist sehr hoch geschrieben. Der Geist der Ausschliesslichkeit und der Geheimnistuerei ist verpönt. Jeder hat das Recht freier Meinungsäusserung. Es gehört zu den Regeln, dass Meinungsverschiedenheiten so ausgetragen werden müssen, dass niemand durch Respektlosigkeit einen andern verletzt. Ist der Rat sich nicht einig beim Fassen von Beschlüssen, so gilt der Entscheid der Mehrheit. Keiner darf die Gedanken eines andern herabsetzen. Zur Wahrheitssuche gehört Sachlichkeit. Gegenstand der Beratungen ist in erster Linie die geistige Förderung der Seelen. Dazu gehört Unterweisung der Kinder, Unterstützung der Mittellosen und Schwachen aller Klassen, sowie die Güte gegenüber allen Rassen und Volksgruppen.

Zweitens: Der Nationale Geistige Rat
Alle örtlichen Geistigen Räte unterstehen verwaltungsrechtlich dem „Nationalen Geistigen Rat". Jedes Jahr wählen die Baha'i neun Vertreter aus dem ganzen Land in diesen „Nationalen Geistigen Rat". Die Beschlüsse des „Nationalen Geistigen Rates" sind verbindlich für die Örtlichen Geistigen Räte. Der „Nationale Geistige Rat" steht mit den Örtlichen Geistigen Räten durch ein Nachrichtenorgan in Verbindung. Diese Verbindung wird jeweils an den Neunzehntagefesten realisiert. Die Funktion des „Nationalen Geistigen Rates" wird in den „Principles of Baha'i-Administration" folgendermassen formuliert:
„Sie (die Mitglieder des Nationalen Geistigen Rates) haben die Pflicht, zur Diskussion aufzufordern, Ratschläge zu begrüssen, selbst wenn sie vom bescheidensten und unbedeutendsten Mitglied der Baha'i-Familie

kommen, ihre Beweggründe darzulegen, ihre Pläne zu erläutern,... ihre Entscheidungen zu überprüfen und den Sinn für gegenseitige Abhängigkeit, Partnerschaft, Verständnis und wechselseitiges Vertrauen zwischen ihnen selbst auf der einen, allen Örtlichen Geistigen Räten und einzelnen Gläubigen auf der andern Seite, zu vertiefen.“

Drittens: Das Herz des Gemeindelebens

Das Herz des Gemeindelebens ist das Neunzehntagefest, weil es eben immer wieder nach neunzehn Tagen stattfindet. An diesem Fest kommt die Gemeinde zusammen zum Gebet, zur Beratung und zur Stärkung der Freundschaft unter einander. Dieses Neunzehntagefest gliedert sich in 3 Teile:

Im ersten Teil führt man ein Andachtsprogramm durch mit Gebeten aus Baha'i-Schriften. Im zweiten Teil berichtet der „Geistige Rat“ über seine Tätigkeiten. Der Vorsitzende muss darüber wachen, dass jedes Gemeindeglied, das seine Meinung äussern möchte, zum Wort kommen kann. Anregungen von Gemeindegliedern werden von einem Sekretär aufgezeichnet. Briefe und Berichte aus andern Ländern liest man vor und bespricht sie.

Im dritten Teil pflegen die Baha'i-Anhänger das gesellige Leben.

In engstem Zusammenhang mit dem gottesdienstlichen Leben müssen wir den Kalender erwähnen. Er ist von Bab eingeführt worden. Er beginnt mit dem Entstehungsjahr des neuen Zeitalters, das mit der Sendung von Bab1844 angebrochen ist. Das Kalenderjahr besteht aus 19 Monaten zu je 19 Tagen. Jeder Monat wird nach einer der vielen Eigenschaften Gottes genannt.

Neujahr beginnt mit dem Frühlingsanfang am 21.März. Die Monate heissen der Reihe nach folgendermassen: Der erste Monat Baha bedeutet Glanz; der zweite Monat Jalal bedeutet Ruhm; der dritte Monat

Jamal bedeutet Schönheit; der vierte Monat Azamat bedeutet Grösse; der fünfte Monat Nur bedeutet Licht; der sechste Monat Rahmat bedeutet Barmherzigkeit; der siebente Monat Kalimat bedeutet Wort; der achte Monat Kamal bedeutet Vollkommenheit; der neunte Monat Asma bedeutet Namen; der zehnte Monat Izat bedeutet Würde; der elfte Monat Mashiyyat bedeutet Wille; der zwölfte Monat Ilm bedeutet Wissen; der dreizehnte Monat Quadrat bedeutet Kraft; der vierzehnte Monat Qawl bedeutet Sprache usw.

Nun kennen aber die Baha'i eine Einrichtung, die einmalig in der Religionsgeschichte sein dürfte. Es gibt spezielle Häuser der Andacht, die jedermann offen stehen. Unabhängig von den Neunzehntagefesten gestalten Laien Andachten, bei denen aus allen bekannten heiligen Schriften der bekanntesten Religionen vorgelesen wird. Eine Priesterschaft gibt es in der Baha'i-Gemeinschaft nicht. Die Laien, die sich aus Männern und Frauen zusammensetzen, gestalten diese Andachtsfeiern ohne jegliche Predigt. Die Idee ist, jedermann ungeachtet seines religiösen Bekenntnisses zu achten. Diese Gottesdienste sind sehr nüchtern. Es gibt auch kein religiöses Zeremoniell im Sinn eines kultisch-liturgischen Ablaufes. Orgeln und Musikinstrumente werden keine verwendet. Alle Häuser der Andacht haben eines gemeinsam: Sie weisen 9 Eingänge auf. Die Zahl 9 gilt bei den Baha'i als Zahl der Einheit. Das Gebäude kennt keine Rückseite wegen seiner runden Form.

Dadurch will man zum Ausdruck bringen, dass das Haus der Andacht der ganzen Menschheit offen steht. Für all diese Andachtshäuser ist es obligatorisch, dass es in unmittelbarer Nähe so etwas wie „Kirchgemeindehäuser" geben muss, um die sozialen und gesellschaftlichen Bedürfnisse abzudecken. In diesen Gebäuden kommt man zu Mahlzeiten, Schulungen und gemütlicher Geselligkeit zusammen.

Das Haus der Andacht muss in schöner Umgebung sein, um die Verbindung zur Natur, überhaupt zur Schöpfung zu dokumentieren. Von diesen Gebetshäusern, die auch als Tempel bezeichnet werden, gibt es weltweit sieben, ein achter Tempel wird in Chile gebaut. Am bekanntesten sind die Häuser der Andacht in Wilmette /Chicago, Neu Delhi/Indien und auf dem europäischen Kontinent jener in Hofheim-Langenheim /Frankfurt, der vom Bundesland Hessen im Jahr 1991 zum Kulturdenkmal erklärt wurde.
Wenn aus den Schriften der verschiedenen Weltreligionen gelesen wird, so achtet man darauf, dass die gemeinsame Wahrheitssubstanz aller Religionen zum Tragen kommt, wobei der Höhepunkt und die Vollendung aller Religionen die Baha'i-Bewegung ist.

2. Die Lehre der Baha'i Religion

a) Allgemeine Bemerkungen zu den Quellen [9]

Die Lehren über Gott, die Schöpfung und den Menschen sowie über die Frage nach der Wahrheit und über das Ziel der Baha'i-Religion finden wir vor allem im theologischen Hauptwerk Baha'u'llahs, in seinem „Buch der Gewissheit", dem „Kitab-i-Iqdas".
Während seiner Gefangenschaft in Bagdad 1862 hat Baha'u'llah dieses Werk verfasst. Shogi Effendi hat in der „Ährenlese" eine Zusammenfassung und Anthologie der Werke Baha'u'llahs gemacht.

b) Die Lehre von Gott

Gott ist eine erhabene und vernunftbegabte Macht. Für seine Schöpfung Hat er eine grosse Liebe. Die Einheit Gottes wird betont. Gott ist vor allem durch seine Offenbarung in der Schöpfung zu erkennen. Er ist

---

[9] Zitate aus den Quellen findet man in der Dissertation von R. Jockel, Die Lehre der Baha'i – Religion, Darmstadt, 1952

unvorstellbar und auch unnahbar. Er steht weit über den erhabensten Vorstellungen, die sich Menschen über Gott machen können. Er ist der Vollkommene. Absolut gerecht und zugleich gnädig ist er. Ihm schreiben die Baha'i Allwissenheit zu.

Ursprung der Schöpfung ist der Liebeswille Gottes. Durch seine vernunftbegabte Schöpfung möchte er erkannt und von den Geschöpfen geliebt werden. So sagt Baha'u'llah: *„Ich war ein verborgener Schatz und wünschte, erkannt zu werden. Um erkannt zu werden, erschuf ich die Schöpfung.“* [10]

Trotzdem Gott unnahbar ist, ist sein Denken ganz auf den Menschen bezogen. Im Menschen will er sich spiegeln. So schreibt Baha'u'llah: *„Auf die Wirklichkeit des Menschen richtete er den Strahlenkranz aller seiner Namen und Eigenschaften und machte ihn zum Spiegel seines eigenen Selbst.“* [11]

Auch in der vernunftlosen Schöpfung zeigt sich Gott, z.B. in der Natur, die gleichsam als Lesebuch Gottes aufgefasst wird. Der seit Ewigkeit existierende Gott darf unter folgendem Namen angerufen werden: Nämlich unter dem Namen seines wichtigsten sich ihn offenbarenden Menschen auf Erden, unter dem Namen Baha'u'llah (Gott ist sehr herrlich) oder unter dem Namen Alla'u'Abha (Gott ist der Herrlichste).

Gott ist ein sich offenbarender Gott. Er offenbart sich in verschiedensten Manifestationen hoher geistiger Führer, die zugleich Begründer repräsentativer Religionen geworden sind. Doch die göttlichen Lehren dieser verschiedenen Offenbarungsträger werden dem jeweiligen Aufnahmevermögen der vielen Völker angepasst. Gott ist also ein Gott der Rücksicht. Gott offenbart sich in allen Religionen mit der gleichen Substanz, nur ist diese Substanz in verschiedene kulturelle und

---

10 R. Jockel, op. cit., p 32
11 R. Jockel, op. cit., p 32

ethnologische Formen gekleidet. Es gilt, das Verbindende, das Gemeinsame zu betonen. Vermengung oder Vermischung mannigfaltiger Lehren und Praktiken der verschiedenen Religionen kommt für die Baha'i nicht in Frage. Das wäre Synkretismus. Und diesen lehnt die Baha'i Religion entschieden ab. Die Baha'i haben die von Baha'u'llah richtig getroffene Auswahl der allen Religionen ursprünglich gemeinsamen Wahrheit. Es handelt sich also bei den Baha'i um Eklektizismus im Unterschied zum Synkretismus.

Es ist eine Gesetzmässigkeit, dass es in den verschiedenen Religionen einen Frühling, Sommer und Herbst mit den besten Früchten gibt. Dann aber folgt der Winter, der Zerfall, bei dem vieles von der Substanz verloren geht. Deshalb offenbarte sich Gott in seiner Liebe in einem Propheten, eben in Baha'u'llah, der die durch Dekadenz in den Religionen verstreuten Schätze wieder sammelt und auswählend ordnet. Gott offenbart sich endgültig im Sinne eines Höhepunktes in der Baha'i-Religion.

c) Schöpfung

Die Schöpfungsidee hat platonischen Charakter. Gott war nie ohne Schöpfung. Deshalb ist die Schöpfung wie Gott ohne Anfang und ohne Ende. Baha'u'llah sagt dazu: *„Wisse, dass es eine der tiefsten geistigen Wahrheiten ist, dass die Welt des Seins, d.h. dieses unbegrenzten Weltalls, keinen Anfang hat. Die Namen und Eigenschaften Gottes erfordern das Dasein von Geschöpfen... Ein Erzieher kann nicht ohne Schüler gedacht werden, ein Herrscher ohne Untertanen wäre keiner...ein Schöpfer ohne Schöpfung wäre unmöglich...*

Absolutes Nichtsein kann nicht zu Sein werden.“ [12]

Die ganze Schöpfung wird als Harmonie gesehen. Alles im All ist miteinander verbunden und beeinflusst sich gegenseitig. Der Aufbau der Schöpfung wird folgendermassen gesehen:

Erstens das Mineralreich; zweitens das Pflanzenreich; drittens das Tierreich; viertens das Reich der Menschen.

Zum unsichtbaren Reich gehören weiter die Stufen der „Manifestationen Gottes“, die in den mannigfachen Religionsstiftern zum Ausdruck kommen.

Zum Reich Gottes selbst hat niemand direkten Zugang, auch die Gesandten Gottes nicht. Die ganze Materie, die von Ewigkeit her existiert, steht in einem evolutionären Prozess drinnen wie der Mensch auch. Die ganze Schöpfung verlangt nach Einheit. So sagt Abdu'l-Baha: *„Einheit ist das Erfordernis des Daseins.“* [13]

Der Gott der Baha'i Religion schafft nicht in der Art und Weise, wie sie uns vom Schöpfer im AT einheitlich überliefert wird in Gen.1: *„Und Gott sprach...und es geschah also.“*

Was die Schöpfung zusammenhält, ist das göttliche Gesetz der Anziehung. Die Elemente, aus welchen die Natur sich zusammensetzt, sind unvergänglich. Es wird nur die äussere Form zerstört. Abdul Baha sagt in diesem Zusammenhang: *„...Sterben ist nur die Umformung von Erscheinung und Bild..., die Wirklichkeit hinter diesen Erscheinungen ist ewig.“* [14]

Geist und Materie werden als eine Einheit gesehen. Die Natur ist durchgeistigt. So gibt es den Pflanzengeist, den Tiergeist, den

---

12 R. Jockel, op. cit., p 37

13 R. Jockel, op. cit., p 39

14 R. Jockel, op. cit., p 40

Menschengeist, den Geist des Glaubens und den Heiligen Geist. Der Pflanzengeist ist die Kraft, die das Wachsen und Gedeihen verursacht. Der Tiergeist ist die Kraft sinnlicher Wahrnehmung und der Menschengeist ist die rationale logische Vernunft. Der Hl. Geist ist jene Kraft, die zwischen Gott und den Geschöpfen vermittelt. Nach der Lehre der Baha'i gibt es unzählige Welten und Sphären, die über Raum und Zeit erhaben sind und miteinander im Verhältnis einer Harmonie stehen.

d) Anthropologie und Ethik

Der Mensch ist nach Gottes Ebenbild gestaltet und er ist dazu berufen, die Eigenschaften Gottes zu widerspiegeln. Der Mensch ist schlechthin die Spitze der Schöpfung. Der Hauptunterschied zwischen Mensch und Tier wird darin gesehen, dass ein Mensch geistige Realitäten verstehen und der sinnlichen Natur widerstehen kann. Obschon der Ausdruck vom geschaffenen Menschen gebraucht wird, so wird dennoch behauptet, dass der Mensch als Art schon immer bestanden habe. Die Seele ist nach der Lehre Baha'u'llahs aus einer nicht zusammengesetzten Substanz und deshalb unzerstörbar. Den Kern des Menschen sieht die Baha'i-Religion in der Seele. Baha'u'llah sagt: *„Die Seele ist ...über alle Schwächen von Körper und Verstand erhaben."* [15]

Die Seele wird als vervollkommnungsfähig in unbegrenztem Sinn verstanden. Das heisst, dass im Menschen drinnen geradezu ein unermessliches Potential vorhanden ist.

Der Tod wird lediglich als Wechsel gesehen, als Übergang von einem Zustand zum andern. Abdul Baha meint, man habe nur aus Unwissenheit Angst vor dem Tod. Nach dem irdischen Tod lebt die Seele weiter. Sie erinnert sich an alle wichtigen Ereignisse ihres Daseins im irdischen

---

15 R. Jockel, op. cit., p 46

Körper. Die Seele fährt mit ihrer Entwicklung fort. Die Reinkarnationslehre lehnt jedoch der Baha'i - Glaube ab.

Wozu ist der Mensch geschaffen? Baha'u'llah sagt es deutlich: *„Es war, als Gott den Menschen erschuf, seine Absicht,... diesem die Fähigkeit zu geben, seinen Schöpfer zu erkennen und in dessen Gegenwart zu gelangen."* [16]

Ein ganz wichtiger Faktor im Menschenbild der Baha'i - Religion ist die Betonung, dass der Mensch nach Tugenden und edlen Neigungen streben muss, um dadurch die Ebenbildlichkeit Gottes aufglänzen zu lassen. Durch die Verwirklichung von Tugenden strahlt der Mensch göttliches Licht aus. Ohne Tugenden ist der Mensch nach Abdu'l'- Baha nicht besser als ein Tier.

Welches sind nun in der Baha'i-Religion die am meisten betonten Tugenden? Es sind die Tugenden von Güte und Barmherzigkeit im Sinn tätiger Nächstenliebe. Zu diesen Tugenden gehören ferner Aufrichtigkeit und Wahrheitsliebe, Demut und Bescheidenheit, Treue, Geduld, Nachsicht, Hilfsbereitschaft und vor allem auch Vorurteilslosigkeit.

Die Menschheit wird als Einheit gesehen, als Blätter eines Baumes oder als Blumen eines Gartens. Selbsterhöhungen widersprechen der Absicht Gottes für den Menschen. Vor Gott gibt es kein Ansehen der Person. Deshalb müssen alle nationalen und rassischen Vorurteile beseitigt werden. Mann und Frau sollen völlig gleichberechtigt und gleichwertig sein. Der Mensch ist zur Selbsterziehung, zur Selbstvervollkommnung berufen. Kurz gesagt: Heiligung im ethischen Sinn wird sehr hoch veranschlagt. Der Mensch muss sich von den fleischlichen Gelüsten befreien. Alles Schwere im Leben, alle Widerwärtigkeiten kommen an den Menschen heran, damit dieser es lernt, sich von den vergänglichen

---

16 R. Jockel, op. cit., p 46

Gütern dieser Welt loszulösen und sich zu Gott hinzuwenden. Der Mensch ist so strukturiert, dass er durch das Gebet mit Gott in Verbindung treten kann. Gebet ist sehr wichtig. Formell-automatische Gebete lehnen die Baha'i ab. Gebet ist unerlässliche Pflicht. Die Baha'i - Religion fordert den Menschen auf, die Schönheit der Erde zu geniessen, aber sich nicht davon gefangen nehmen zu lassen. Das Leben eines Baha'i muss von Dankbarkeit und Lobpreis gekennzeichnet sein. Für die Baha'i ist körperliche Reinheit wichtig im Sinn von Hygiene, aber auch im ethischen Sinn. Treue in der Ehe wird streng gefordert. Polygamie wird als Entwertung der Frau entschieden abgelehnt. Rauschgift und alkoholische Getränke sind untersagt. Treue Pflichterfüllung auf dem Arbeitsplatz ist ein wichtiges Gebot für die Baha'i. Gewissenhafte Arbeitsverrichtung wird mit Gottesdienst gleich gesetzt. Der Wille des Menschen ist frei. Man kann dem Guten oder Bösen dienen. Um aber das Gute zu tun, ist man auf Gottes Hilfe angewiesen. Ein Baha'i setzt sich für den Frieden ein. Er achtet Andersdenkende. Man kann sagen, dass die Ethik der Baha'i das Wesentliche der Zehn Gebote enthält.

e) Die Frage nach der Erkenntnis und Wahrheit

Quelle der Wahrheit ist die Offenbarung Gottes. Die Baha'i verstehen ihren Religionsstifter Baha'u'llah als Künder des Wortes Gottes und Repräsentant des göttlichen Willens für dieses neue Zeitalter – begonnen um ca. Mitte des 19.Jahrhunderts. Deshalb muss man sich vor allem nach seinen Schriften orientieren. Zwei Bücher ragen in den umfangreichen heiligen Baha'i-Schriften ganz besonders hervor: Das zuvor genannte, mehr theologische „Buch der Gewissheit“ (Kitab-Iqan) und das besonders

heilige Buch, genannt „Buch der Gesetze“, (Kitab-i-Aqdas).[17]
Nach Auffassung der Baha'i soll der Mensch nach der Wahrheit suchen. Es gibt nur eine Wahrheit, wenn auch diese sich aus Beiträgen der verschiedenen Religionen zusammensetzt. Das, was in den verschiedenen Religionen nach verschiedenen Meinungen aussieht, ist letztlich doch nicht eine andere Auffassung. Abdu'l-Baha begründet das folgendermassen: *„Da* die *Wirklichkeit nur eine ist, und Vielfältigkeit nicht zulassen kann, müssen verschiedene Ansichten schliesslich in einer aufgehen.“* [18]
Wie bereits erwähnt, muss das höchste Ziel des Wissensstrebens in der Erkenntnis Gottes bestehen. Die Erkenntnis Gottes geschieht über den Verstand, welcher als die grösste Gabe Gottes betrachtet wird. Der Verstand spielt eine immense Rolle für die Entwicklung der Kultur und Zivilisation, für Frieden, Einklang und Einheit. Die Erkenntnis bezieht sich immer nur auf die Eigenschaften der Dinge, nie aber auf deren innerstes Wesen. Das Wesen Gottes können wir nicht erkennen, jedoch die Äusserungen seines Wesens vermittels seiner Eigenschaften. In der Epistemologie (Lehre des Verstehens) der Baha'i – Religion spielen vier Faktoren eine wesentliche Rolle.
Erstens: Die Sinneswahrnehmung; zweitens: Die Vernunft; drittens: Die Überlieferung; viertens: Die Eingebung. Mit Eingebung meinen die Baha'i die Führung durch Gottes Geist, den Abdul - Baha auch den Hl. Geist nennt. So sagt er: *„Durch den Hl. Geist erfährt der menschliche Geist Erquickung und Festigung zu wahren Schlüssen und vollkommenem Wissen.“* [19]

---

17 Beide Bücher erhältlich über Baha'I Verlag, Dufourstrasse 13, Bern, Schweiz
18 R. Jockel, op. cit., p 56
19 R. Jockel, op. cit., p 57

Die für die Baha'i verbindlichen Texte von Baha'u'llah, insbesondere jene des Kitab-i-Aqdas und der weiteren, die in der Gefängnisstadt Akka gegen Ende des 19.Jahrhunderts offenbart worden sind, gelten als höchsten Massstab für die persönliche Lebensführung wie auch als Führung für eine künftige „neue Weltordnung".
Baha'u'llah sagt dazu: *„Das Buch Gottes ist der Massstab der Wahrheit unter den Geschöpfen. Alles, was die Völker vorweisen, wird nach diesem höchsten Mass gemessen."*[20] Um zu höheren Erkenntnissen zu kommen, nützen einem Sinneswahrnehmung, Vernunft, Überlieferung und selbst der Hl. Geist nichts, wenn nicht das Streben sich in Gebet, Meditation und in der guten Tat zeigt. Das erinnert an jenen Slogan, der vor Jahren auf Plakaten des Hilfswerkes „Brot für alle" zu sehen war: *„Es gibt nichts Gutes, ausser man tut es."*
Abdul Baha sagt uns in seinen „Selected Writings": *„Wenn man demütig zu seinem Herrn betet, sich ihm zuwendet und Gnade aus seinem Meer sucht, bringt dies dem Herzen Licht... der Seele Leben und dem ganzen Wesen Erhebung."*
Die Erkenntnislehre der Baha'i misst dem Wissen einen grossen Stellen-Wert bei. So sagt Baha'u'llah: *„Wissen ist eine der grössten Wohltaten Gottes. Es ist allen zur Pflicht gemacht, sich Wissen anzueignen."*[21]

f) Die Religionen: Steinbruch und Fundgrube für Wissen und Erkenntnis
Es ist die Religion, welche die Völker vor Chaos bewahrt. Sie schenkt die Erkenntnis von gut und böse. Die Offenbarung der verschiedenen Religionen sind fortschreitend, finden aber ihren Höhepunkt in Baha'u'llah. Jede Gottesoffenbarung besteht aus zwei Teilen: Nämlich aus einem geistigen und einem praktischen Teil. Dem ersten Teil sind zuzuordnen:

---

[20] R. Jockel, op. cit., p 57
[21] R. Jockel, op. cit., p 58

Erziehung des Menschen zur Gotteserkenntnis, Gottesfurcht, Glauben, Demut und Tugenden. Das heisst so viel wie die Erziehung zum Guten. Zum praktischen zweiten Teil gehören: Ordnung der zwischenmenschlichen Beziehungen und des zivilen Lebens allgemein. Das, was die Religion in Bezug auf den geistigen Teil lehrt, ist unveränderlich. Doch die Regeln für den praktischen Teil, also die Ordnung des zivilen Lebens, ist der Veränderung unterworfen.

Die Einheit, die letztlich allen Religionen zugrunde liegt, ist im geistigen Teil zu sehen. Das Prinzip der Entwicklung gilt für den praktischen Teil der Religion. Jede Religion hat ihre Gottesoffenbarer. Diese müssen sich über ihre Legitimität ausweisen können. So gibt es Hauptbeweise und Nebenbeweise für die Legitimität einer Person, die sich als Offenbarungskanal sieht. Zum Hauptbeweis gehören: Offenbarung in Buchform und die daraus hervorgehende Kraft, die Verhältnisse zum Bessern zu verändern. Die Nebenbeweise bestehen darin, dass der Offenbarer sich durch Erfüllung seiner Prophezeiungen ausweist.

Nun ist aber die auf Offenbarungen Baha'u'llahs gestützte Religion der Höhepunkt, also die Baha'i - Gemeinschaft. Es gibt nun besondere Erkenntnisse, die zum Höhepunkt der Religionsentwicklung gehören und Sondergut der Baha'i – Religion sind. Baha'u'llah verlangt von niemandem, seinen Worten und Zeichen blindlings zu folgen. Im Gegenteil warnt er vor blinder Anerkennung einer Autorität. Höchste Pflicht für den Sucher ist es deshalb, unabhängig und vorurteilslos zu forschen, um die Wahrheit vom Irrtum zu scheiden. Der höchste Beweis ist das geoffenbarte Wort mit seiner verwandelnden Kraft. Doch durch sein eigenes vorbildliches Leben und dadurch, dass er, Baha'u'llah, Erzieher der ganzen Menschheit zu sein und grösstes Leid in Ergebenheit zu tragen vermochte, ist ein weiterer Beweis für die Richtigkeit seiner Offenbarung erbracht. Die Tatsache, dass die Worte der Baha'i sich durch

Vernunft auszeichnen und zu keinen fanatischen Handlungen führen, gehört weiterhin zum Beweis der Richtigkeit der Baha'i Religion. Wundern messen die Baha'i keine besondere Bedeutung zu. Die Hauptaufgabe des Gottgesandten ist, Herzen zu verändern und die Menschen zu wahrhaften Dienern am ganzen Menschengeschlecht zu machen.

g) Hamartologie und Dämonologie

In der Lehre von der Sünde ist wichtig, dass die Baha'i den Menschen gerade nicht als Sünder sehen. Satan gibt es nicht als Person, die Gottes Widersacher ist. Das, was man „böse" nennt, ist nur ein Mangel an Gutem. Abdul Baha bezeichnet das Böse im platonischen Sinn als das Nichts. Satan ist nur ein Symbol für das Fehlen von Glauben und Tugend. Böse Geister als persönliche Wesenheiten gibt es nicht. Der Ausdruck „böse Geister" ist also im symbolischen Sinn zu verstehen für ungläubige hier auf Erden lebende Menschen. Himmel und Hölle haben gleichermassen symbolische Bedeutung und gelten für diese und die nächste Welt.

Der hier auf Erden lebende Frevler befindet sich bereits im Zustand der Hölle, der Gott Dienende dagegen ist jetzt schon im Himmel. Himmel ist kein Ort, sondern lediglich eine seelische Zustandsbeschreibung.

h) Die Lehre von der Einheit und das Postulat der Harmonie

Es gehört zum Verdienst der Baha'i-Religion, dass diese die Wichtigkeit von Einigkeit und Freundschaft unter den Völkern sieht und zum Praktizieren von völkisch-politischen Verbindungen aufruft trotz unterschiedlicher religiöser Glaubensauffassungen. Das Streben nach Einigkeit verlangt Duldsamkeit, Toleranz. Es gehört zu den Verdiensten der Baha'i - Religion, dass diese das Zusammengehen von Religion und Vernunft verlangt. Eine Religion, die der Wissenschaft widerspricht, ist keine wahre Religion nach Abdu'l'-Baha.

Es gibt neun noch existierende Religionen, die diesen Anspruch der Harmonie von Wissenschaft und Glauben Genüge tun. Erstens: Die sabäische Religion; zweitens: die hinduistische Religion; drittens: die buddhistische Religion; viertens: die persisch-zoroastrische Religion; fünftens: die jüdische Religion; sechstens: die christliche Religion; siebtens: der Islam; achtens: die Religion des Bab; die neunte Religion bildet die prophetische Erfüllung im Baha'i-Glauben und stellt dank der umfangreichen Grösse der Offenbarung gewissermassen den Höhepunkt eines universalen Offenbarungszyklus.

Mit Bab und vor allem mit Baha'u'llah ist das neue Zeitalter angebrochen, welches die Menschheit einigen und den ersehnten Frieden bringen wird. Baha'u'llah sagt dazu folgendes: *„Ich bezeuge vor Gott die Grösse, die unfassbare Grösse dieser Offenbarung...In dieser mächtigen Offenbarung finden alle Sendungen der Vergangenheit ihre höchste ... Erfüllung. Was in dieser ... erhabensten Offenbarung kundgegeben worden ist, hat in den Annalen der Vergangenheit nichts seinesgleichen.“*[22]

i) Die Lehre von den beiden Bündnissen

Der Bundesgedanke spielt im Baha'i-Glauben eine zentrale Rolle. Der Bund ist ein religiöser Vertrag zwischen Gott und den Menschen. Dabei fordert Gott vom Menschen ein bestimmtes Verhalten und verheisst ihm dafür seine Gnade. Im „Grösseren Bund Gottes“ verheisst jede Manifestation Gottes (Religionsstifter) eine Nachfolge. Man denke an Moses, der auf Jesus hinweist und Jesus auf Baha'u'llah in der Fülle der Zeit. Auch der Bab als Vorläufer und Stifter des Babi-Glaubens (Amtszeit von 1844-1850) – verwies auf Baha'u'llah.

---

22 R. Jockel, op. cit., p 68

Beim „Kleineren Bund Gottes" geht es um den Bund, den ein Religionsstifter mit seinen Anhängern schliesst, damit die Gläubigen auf dem „geraden Pfad" bleiben und keine Spaltung entsteht. Zum ersten Mal in der Religionsgeschichte gibt es nach dem Baha'i-Verständnis eine testamentarisch verbürgte Nachfolgeregelung, um dem Hauptziel – der Einheit in allen Belangen – Rechnung zu tragen. Konkret heisst das: Baha'u'llah als Stifter des Baha'i-Glaubens setzte seinen ältesten Sohn Abdu'l-Baha als bevollmächtigten Ausleger seiner Schriften und „Mittelpunkt seines Bundes" ein. Abd'ul-Baha wiederum ernannte in seinem Testament Shogi Effendi als bevollmächtigten Ausleger und Hüter des Glaubens.

Mit dem Hinscheiden Shogi-Effendis (1957) ist die autoritative Auslegung des Wortes Gottes abgeschlossen.

Mit erstmaliger Wahl des „Universalen Hauses der Gerechtigkeit" 1963– dem weltweiten Führungsgremium – erhält die Baha'i-Gemeinde internationale Führung und dieses Gremium erhielt von Baha'u'llah die Zusicherung nicht irrender Führung in der Gesetzgebung.

k) Das Schriftverständnis unter dem Aspekt von Anthropologie und Ekklesiologie

Die Menschheit muss sich verwandeln. Wo ist aber die Kraft zu dieser Verwandlung zu finden? Die Baha'i behaupten nun, dass der Urquell zur Kraft für die Verwandlung von Mensch und Gesellschaft in den Schriften Baha'u'llahs zu finden sei. Durch die Beschäftigung mit Baha'u'llahs Schriften wird Glaube entzündet, der verwandelnde Kraft hat. Glaube ist das Ineinandergreifen von Erkennen und Lieben. Etwas vom Wichtigsten, was nun die Schriften Baha'u'llahs bewirken, ist die Erkenntnis Gottes und die Selbstfindung. Im Menschen drinnen sind unbekannte gewaltige

Möglichkeiten aufgrund der Ebenbildlichkeit Gottes. So sagt Baha'u'llah: *„Ihr seid meine Schatzkammern; denn in euch legte ich die Perlen meiner Geheimnisse und die Edelsteine meiner Erkenntnis.“*[23]

Auf die ungeahnten Möglichkeiten, die im Menschen drinnen schlummern, wird man angesprochen durch das Studium der Heiligen Schriften des Baha'u'llah. Erkennen und Lieben gehört zu den Grundtätigkeiten des Glaubens. Mit dem Erkennen, das durch Baha'ullahs Schriften so richtig in Gang gebracht wird, stösst der Mensch auf all die grossen in ihm drinnen ruhenden Möglichkeiten. Mit der Tätigkeit des Liebens gibt er diese Erkenntnisse weiter und appelliert an die ungeahnten Möglichkeiten seines Mitmenschen. Interessant sind hier Anklänge an die Aussage von Paulus in Eph.4, 15, dass man die Wahrheit in der Liebe festhalten soll. So kommt der Prozess der Selbstfindung in Gang, der aber von den Heiligen Schriften Baha'u'llahs ausgelöst wird. Baha'u'llahs Worte sind identisch mit Gottes Wort. Verwandlung gibt es nur, indem man sich ins Weltmeer der Worte Baha'u'llahs versenkt. Von den Schriften Baha'u'llahs geht eine Kraft zur Überwindung der Angst aus. Die Schriften Baha'u'llahs geben eine sinnvolle Deutung für die Umwälzungen und Katastrophen in dieser Welt.

Der Verwandlungsprozess wird nun potenziert durch die weltweite Streuung von Baha' i- Gemeinden. Es gehört ganz wesentlich zu ihrer Ekklesiologie, dass Mannigfaltigkeit in rassischer, ethnischer, sozialer und religiöser Hinsicht vorhanden sein soll. Es darf keine künstlich homogenisierten Gruppierungen geben. **Jede Baha'i - Gemeinde muss die Welt mit ihrem rassischen, ethnischen, sozialen und religiösen Pluralismus wiederspiegeln. Jede Baha'i - Gemeinde ist eine in sich**

---

23 Baha'u'llah, „Die verborgenen Worte", Hofheim 1982

geeinte und versöhnte Menschheit im Kleinen, welche die Aufgabe hat, ein „pars pro toto" zu sein.

Es treten durch die gewollte Verschiedenartigkeit auch Probleme und Spannungen auf, die aber als unentbehrliche Chance zu weiterem geistlichen Wachstum verstanden werden. Die grössten Hindernisse bestehen in Vorurteilen und den daraus resultierenden Diskriminierungen. Vorurteilen und Diskriminierungen gegenüber darf es keine Toleranz geben. Solche Defizite von Vorurteilen thematisieren die Baha'i, wenn sie diese bei Andersgläubigen feststellen. „Political correctness" von uns Christen vor allem gegenüber dem Islam schreckt im interreligiösen Dialog davor zurück, heisse Themen wie die Inferiorität Andersgläubiger (in den Augen korantreuer Moslems) oder die totalitäre Haltung der Unterdrückung von Glaubens –und Gewissensfreiheit beim Namen zu nennen. Vorurteile werden abgebaut durch selbständiges Forschen nach Wahrheit. Diese Erkenntnis entspricht der Wissenschaft und der Liebe zur Religion. Wissenschaft und Religion müssen zusammengehen; erst dann wird die Sperre von Vorurteilen beseitigt. Vereinigung der Menschheit resultiert aus der Überwindung der Sperre von Vorurteilen.

Je mehr sich die Selbstfindung durchsetzt, desto mehr kommt die Ebenbildlichkeit Gottes im Menschen und in der Gesellschaft zum Durchbruch. Die Baha'i Gemeinden verwirklichen durch ihren Einsatz das Reich Gottes auf Erden. Es braucht lange Zeiträume dazu. Die Baha'i - Gemeinden verwirklichen den Bauplan für die neue Welt ohne Krieg und Ungerechtigkeiten. Der wichtigste Beitrag für das Zustandekommen des Reiches Gottes auf Erden ist der selbstlose Dienst am Menschen und an der Menschheit als ganzer. Dies im Unterschied zu einer ichbezogenen „Selbstverwirklichung", die Gefahr läuft, willkürliche Wünsche und Lüste zu befriedigen. Entfaltung im Sinn von Freude und Freiheit gibt es nur in der Bindung an die dem Baha'u'llah offenbarten Ordnungen Gottes. In

dem von Baha'u'llah verfassten „Buch der Gesetze" heisst es: *„Wahre Freiheit besteht in der Unterwerfung des Menschen unter meine Gebote, sowenig ihr es auch begreifen möget. Würden die Menschen das befolgen, was wir aus dem Himmel der Offenbarung auf sie niedersandten, so würden sie sicherlich vollkommene Freiheit erringen... Die Freiheit, die euch nützt, findet ihr nur in vollkommener Dienstbarkeit unter Gott, der ewigen Wahrheit."* [24]
Selbstentfaltung gibt es nur über den Gehorsam gegenüber Gott und seinem Wort, das er Baha'u'llah in einzigartiger Weise anvertraut hat. Obschon die Baha'i-Religion eine Welteinheitsgesellschaft und damit Welteinheitspolitik möchte ähnlich dem Marxismus, so unterscheidet sie sich deutlich darin vom Kommunismus, dass der Mensch als voll verantwortliches Individuum gesehen wird, da es doch Träger der Ebenbildlichkeit Gottes ist.
Die Baha'i verurteilen jene Haltung, wo man für die Missstände in dieser Welt einfach die Umstände oder Strukturen schuld gibt. Der Mensch ist völlig frei. Er kann so oder anders entscheiden. Die wahre Selbstfindung geschieht im Prozess des Fortschrittes, aber in engster Abhängigkeit von Gottes Gesetz. So sagt Baha'u'llah: *„Die Gesetze Gottes müssen alle sorgfältig befolgen. Die höchste Auszeichnung des Menschen, sein wahrer Fortschritt und sein endlicher Sieg, waren immer von ihnen (den befolgten Gesetzen) abhängig und werden auch weiterhin von ihnen abhängig bleiben. Wer die Gebote Gottes befolgt, wird ewige Glückseligkeit erreichen."* [25]
Freiheit gibt es nur durch Erkenntnis der Wahrheit. Zur Wahrheit gehört nun wesentlich das Geistige, das, was sich vom Stofflichen unterscheidet.

---

24 Siehe Baha'u'llah, Ährenlese CLIX, Hofheim 1980
25 Baha'ullah, op.cit., Ährenlese CXXXIII

Nach Wahrheit streben bedeutet, mehr und mehr die aufs Irdisch-Vergängliche hin ausgerichteten Lüste überwinden. So sagt ‚Abdu'l-Baha in den „Ansprachen in Paris": *„Lasset uns unsere Herzen abwenden von der Welt des Stoffes und in der Welt des Geistes leben. Sie allein kann Freiheit geben... Sind wir auch in der stofflichen Welt gefangen, kann sich doch unser Geist in die Himmel erheben, und wir werden tatsächlich frei sein."*[26]

Die Erlösung der Materie, wie sie in der Bibel Gegenstand der Hoffnung ist, ist für die Baha'i kein Thema.

Die Baha'i-Religion versteht den Menschen durchaus als Individuum. Doch wird ein Unterschied gesehen zwischen Individuum und Persönlichkeit. Wer die geistige Stufe erringt durch gehorsame Bindung an die offenbarten Schriften Baha'u'llahs, der ist eine Persönlichkeit.

Im zusammenfassenden Sinn lassen wir einen Ausschnitt der „Reden in Paris" von ‚Abdu'l-Baha zu uns sprechen: *„Unser grösstes Bemühen muss auf die Loslösung von den Dingen dieser Welt gerichtet sein. Wir müssen danach streben, geistiger und strahlender zu werden, den Rat der göttlichen Lehre zu befolgen, uns dem Dienst der Sache der Einigkeit und wahren Gleichheit zu ergeben, Barmherzigkeit zu üben und die Liebe des Höchsten auf alle Menschen auszustrahlen, auf dass das Licht des Geistes in allen unsern Taten sichtbar und die ganze Menschheit dadurch vereinigt werde, damit sich ihr stürmisches Meer beruhigt und alle rauhen Wogen von der hinfort stillen und friedlichen Oberfläche der See des Lebens schwinden möge."*[27]

In einem andern wichtigen Passus seiner Vortragsschriften „Ansprachen in Paris" meint ‚Abdu'l-Baha: *„Auch wenn ihr Menschen trefft, deren Meinung von der euren abweicht, kehrt euch nicht von ihnen, alle suchen*

---

[26] ‚Abdu'l-Baha, „Ansprachen in Paris", Hofheim Langenheim 1984, p 86

[27] ibid., p 67

die Wahrheit, und es gibt vielerlei Wege, die zu ihr führen. Wahrheit kann verschieden erscheinen, doch bleibt sie immer und ewig eine...
Baha'u'llah hat den Kreis der Einigkeit geschlagen. Er hat einen Plan erschaffen, um alle Völker zu vereinen und sie alle unter dem schützenden Zelt der allumfassenden Einheit zu versammeln. Dies ist das Werk der göttlichen Freigebigkeit, und wir alle müssen uns mit Herz und Seele bemühen, bis wir die Einheit tatsächlich in unsrer Mitte haben...
Lasst von allen Gedanken des ich's ab und bestrebt euch, allein dem Willen Gottes gehorsam und ergeben zu sein."[28]

3. Die endgültigen Ziele der Baha'i Religion

Alle die nun skizzierten Lehren der Baha'i -Religion muss der Verwirklichung folgender Ziele dienen:

Erstens: Der Einheit aller Menschen weltweit und der Zusammenarbeit der verschiedenen Völker

In einer seiner Ansprachen drückte Abd'u'l-Baha das so aus: *„Alle Menschen sind Blätter und Früchte von ein und demselben Baum."*[29]

Zweitens: Die Lehren der Baha'i-Religion sollen zur Durchsetzung des Weltfriedens dienen. Abd'u' l- Baha sagt in diesem Zusammenhang: *„Krieg ist Tod, Friede hingegen Leben. Krieg ist Raubsucht und Blutgier, Friede indessen Wohltätigkeit und Menschlichkeit."* [30]

Drittens: Ein weiteres Ziel ist die Einführung einer Weltsprache und Weltschrift.

---

[28] ibid., p 37f.
[29] R. Jockel, op. cit., p 72
[30] R. Jockel, op. cit., p 72

Viertens: Um Gerechtigkeit auch auf globaler Ebene zu erreichen, schlug Baha'u'llah bereits im 19.Jahrhundert vor, einen Weltgerichtshof einzuführen.

Fünftens: Extreme Armut und extremer Reichtum muss mit geeigneten Mitteln begrenzt werden und die Wohlfahrt aller Menschen ist sicher zu stellen.

Sechstens: Ein ganz wichtiges Ziel ist auch die Durchsetzung der Gleichberechtigung der Geschlechter. Abd'u'l - Baha meint dazu: *„Ein Vorzug ist vor Gott nicht vom Geschlecht, sondern von der Reinheit und der Erleuchtung des Herzens abhängig."* [31]

Siebtens: Erziehung und Bildung müssen weltweit gefördert werden. Die Baha'i verstehen sich als Schrittmacher zur Verwirklichung dieses Zieles. In den Schriften aus Akka sagt Baha'u'llah: *„Jedem Vater ist befohlen, seine Söhne und Töchter im Wissen, in der Schrift und dem, was auf den Tafeln verordnet ist, zu unterrichten."* [32]

Achtens: Den Baha'i ist wichtig, die Überwindung aller Vorurteile durchzusetzen. Vorurteile sind weitgehend schuld an der Erkrankung der Welt.

Neuntens: Das vielleicht wichtigste Anliegen der Baha'i ist die Betonung der Einheit aller Religionen in ihren grundlegendsten, ewig gültigen Wahrheiten. Mit der Durchsetzung dieses Anliegens muss es dann schliesslich zur Harmonie von Religion, Wissenschaft und Vernunft kommen. Dadurch wird auch das selbständige Forschen nach der Wahrheit gefördert. Die Erkenntnis, dass die Wahrheit eine ist und in allen Offenbarungsreligionen gleichermassen vorhanden ist, wird sich als Ursache für alles Gute erweisen.

Sind diese Anliegen und Ziele durchgesetzt, so wird es zur Erneuerung

---

31 R. Jockel, op. cit., p 73

32 R. Jockel, op. cit., p 73

der Welt in vierfacher Hinsicht kommen:

1. Es entsteht ein erneuerter Glaube.
2. Es entsteht ein neues Leben.
3. Es entsteht ein neuer Mensch.
4. Es entsteht eine neue Ordnung.

Das Baha'i - Gemeinwesen mit seiner administrativen Organisation ist das richtige Modell für die zukünftige Weltordnung. Die Baha'i - Lehren verlangen danach, mit der Vernunft durchdrungen zu werden. Niemand darf genötigt werden, die Baha'i - Lehren einfach blind zu übernehmen. Die Baha' - Lehren sind für die Vernunft derart einsichtig, dass man keinen Lehrer mehr nötig hat, um die Baha'i - Theologie zu verstehen. Die heutzutage so beliebten esoterischen Machenschaften und Ideologien werden als eitle Einbildung und leere Vorstellung gesehen und nicht als Weg zu Gott und zum Lebensziel hin.

Da die Mündigkeit in dieser neuen Weltordnung sehr hoch geschrieben ist, gelten folgende Ordnungen oder Gesetze:

Es darf keinen Heiligen Krieg mehr geben, keine Sklaverei, keine übertriebene Askese, keine Beichte, keine Bettelei, keine Rauschgifte, überhaupt nichts Gesundheitsschädigendes, keinen Streit, keinen Diebstahl, keinen Ehebruch, keinen Mord, keine Verleumdung und keine Lästerungen.

Diese grundlegenden Ordnungen sind enthalten im „Buch der Gesetze", dem „Kitab-i-Aqdas". Sie regeln die Handhabung von Gebet undFasten, Steuern, Hygiene, Eheschliessungen, Kindererziehung, Erbschaften, Arbeitspflichten, Begräbnis usw.

4. Die Haltung in wichtigen Zivilfragen

Es gilt als bürgerliche Pflicht im Sinn der Verantwortung gegenüber der Gesellschaft, keine vorehelichen Beziehungen zu pflegen, sondern

geschlechtliche Enthaltsamkeit zu üben. Nur monogame Beziehungen sind legitim. Für eine Eheschliessung muss man das Einverständnis beider Elternteile einholen.
In Bezug auf die jeweilige nationale Obrigkeit ist jeder Baha'i - Bürger gehalten, diese Behörde zu respektieren und keinesfalls gegen sie zu schaffen.
In der Frage des Militärs bejahen die Baha'i nur eine Armee zur Aufrechterhaltung der inneren Ordnung. Es muss daraufhin gearbeitet werden, das Recht zur Rüstung an eine Weltregierung abzutreten.

5. Interpretation der heutigen Weltsituation durch den Baha'i - Glauben und die Zukunftsvision

Die Baha'i sind der Meinung, dass die enorme wissenschaftlich-technische Entwicklung und die globalen Veränderungen wie Zusammenschlüsse der Völker etc. mittelbar durch die geistige Kraft Baha'u'llahs ausgelöst worden sei. Dank den technischen Errungenschaften beispielsweise in Form von schnellen interkontinentalen Reisen innerhalb weniger Stunden sind die Nationen dieser Welt einander zu verbindlichen Nachbarn geworden, von denen man Kenntnis nehmen muss. Die grossen Entfernungen sind weitgehend aufgehoben worden. Und nun kollidieren die verschiedenen Kulturen und Religionen miteinander. Als noch die grossen Distanzen und die Isolation unter den Völkern herrschten, durfte jede Religion und Zivilisation mit gutem Recht den Absolutheitsanspruch vertreten. Die kulturellen Einheiten wurden nun durch die Reisemöglichkeiten und die Medientechnik durcheinandergebracht und relativiert. Dazu kommt noch die Spannung, dass die Technik die globale Vernichtung des Lebens in Aussicht stellt. Gott hat das aber nach der Interpretation der Baha'i so gewollt; denn erst jetzt zwingt sich einem folgende Alternative auf:

Entweder Welteinheit oder der Zerfall einer übertechnisierten Zivilisation, die die Grenzen des rechten Masses überschritten hat. Dieses Zusammenrücken verschiedenster Kulturen und Religionen ist ein wichtiger Schritt vorwärts im Reifeprozess der Menschheitsgeschichte. In Baha'u'llah ist der von allen Hochreligionen vorhergesagte Heilbringer gekommen. Er ist der wiedergekommene Christus, der wiedergekommene fünfte Buddha, der sog. Matreya; er ist der wiedergekommene hinduistische Heilbringer Krishna. In Baha'u'llah ist eine vorläufige Erfüllung all dessen gekommen, was die andern Religionen in ihrer ursprünglichen reinen Form beinhaltet haben. Da alle Religionen dekadent geworden sind, brauchte es einen neuen Offenbarer, der aufgrund seiner Offenbarung die Völker in einem einzigen Glauben vereinigt.

Die Baha'i wehren sich aber, als Synkretisten bezeichnet zu werden. Baha'u'llahs Offenbarung ist einzigartig und soll das allen Religionen Gemeinsame aufzeigen.

Es handelt sich nach der Auffassung der Baha'i – Religion eben nicht um die Vermengung verschiedener Anschauungen, sondern um die offenbarte Entdeckung des Gemeinsamen. Zerwürfnis und Streit ist auf die durch Dekadenz hervorgerufenen Trennungen unter den verschiedenen Religionen zurückzuführen. Die verpflichtende Proklamation der Einheit ist das schlechthin Einzigartige der Baha'i-Religion.

In seinen Ansprachen in Paris sagte Abdul-Baha: *„Die ganze Welt muss als ein einziges Land betrachtet werden, alle Völker als ein Volk und alle Menschen als Angehörige einer Rasse. Religionen, Rassen und Nationen sind alle nur Trennungen, die der Mensch gemacht hat... Baha'u'llah hat den Kreis der Einigkeit geschlagen. Er hat einen Plan geschaffen, um alle*

Völker zu vereinen und sie alle unter dem schützenden Zelt der allumfassenden Einheit zu versammeln."
Baha'u'llah meint: *„Die Wohlfahrt der Menschheit, ihr Frieden und ihre Sicherheit sind unerreichbar, wenn und bevor nicht ihre Einheit fest begründet ist. Dieses Ziel überragt jedes andere Ziel, und dieses Streben ist der Fürst allen Strebens."*
Die durcheinander gewürfelten Kulturen, Religionen, Rassen und politischen Systeme verlangen aufgrund der Anschauung der Baha'i nach einem weltweiten Netzwerk mit universaler Kommunikation. Es wird eine Welthauptstadt geben müssen, die gleichsam als Brennpunkt einer neuen Weltzivilisation wirken muss. In diesem Zusammenhang muss es eine Weltsprache, eine Weltschrift, eine Weltliteratur und ein allumfassendes Währungs - Mass - und Gewichtssystem geben. Nationale Rivalitäten werden dann überwunden sein. Es wird keine wirtschaftliche Ungerechtigkeit mehr geben und keine Zwistigkeiten religiöser Art. Durch Toleranz kann man verschiedene Meinungen sogar einigen. Die Zukunft wird herrlich sein. Die Welt wird ein grosses Friedensreich werden.
Die Baha'i möchten ihr Modell einer neuen Gemeinde, - bzw. „Weltordnung" den Völkern der Welt anbieten. Ihre Schriften lassen es nach ihrem Verständnis nicht zu, selber nach Weltmacht zu streben. Dies stünde im Widerspruch zum Prinzip des Dienens und Duldens. Die prophezeiten Verheissungen eines „Königreichs Gottes auf Erden" stehen für sie im Übrigen unter dem eschatologischen Vorbehalt.

B. DIE GESPRÄCHSKULTUR DER BAHA'I UND DIE IM ABSOLUTHEITSANSPRUCH ENTHALTENE SUBSTANZ ALS POTENTIAL FÜR DEN INTERRELIGIÖSEN DIALOG

1. Die Gesprächskultur der Baha'i

Gesprächskultur ist etwas vom Allerwichtigsten für einen fruchtbaren interreligiösen Dialog. Auf S.26+27 wird auf den „Örtlichen Geistigen Rat"

und den „Nationalen Geistigen Rat“ hingewiesen. In diesen auf lokaler und überlokaler Ebene funktionierenden Ordnungsgremien sowie insbesondere in den Zusammenkünften der Neunzehntagefeste pflegt man eine bewusste und sogar auserlesene Gesprächskultur. Keines der Mitglieder dieser geistigen Räte darf seine Meinung diktieren, d.h. andern Mitgliedern aufzwingen. Wenn im Neunzehntagefest im zweiten Teil beraten wird, nehmen alle regen Anteil daran, auch Kinder sind einbezogen. Dabei moderiert ein Vorsitzender - mit genau gleichen Rechten wie alle anderen - der von Treffen zu Treffen eine verschiedene Person sein kann. Es ist verpönt, Auffassungen, die nicht dem Rat entsprechen, lächerlich zu machen. Niemand ist befugt, die Gedanken anderer durch spitze Bemerkungen herabzusetzen oder durch ein dominantes Verhalten sich hervorzutun. Der gegenseitige Respekt hat einen hohen Stellenwert beim Austragen von unterschiedlichen Meinungen. Die Demut ist ein unentbehrlicher Faktor in den Gesprächen. Es darf niemand, der zu Wort kommen möchte, übergangen werden.
Bei unterschiedlichen Meinungen entscheidet die Mehrheit, wobei es stetes Ziel einer Baha'i – Beratung ist, so gründlich zu beraten, bis schliesslich Übereinstimmung erreicht ist.
Dass nun ausgerechnet eine Sitzung des Rates unter Anteilnahme der Gemeindeglieder im Gottesdienst integriert ist, zeigt den Stellenwert des Dialogs. Es soll damit zum Ausdruck gebracht werden, dass das Gespräch, der Dialog, gottesdienstlichen Charakter haben soll. Diese Betonung des Dialogs als Teil des Gottesdienstes hängt aufs engste mit der Anthropologie zusammen. Wesentlich ist der offene, uneingeschränkte Meinungsaustausch zwischen den gewählten Gremien, der „Geistigen Räte“ und der Gemeindeglieder. Hier kann wahre Beratung in gegenseitigem Respekt von allen Seiten optimal geübt werden. Dies bedeutet, sich von seiner Meinung im Interesse der Sache

lösen zu können, d. h., sein Ego zu zügeln. Es gehört zum Wesentlichen der Anthropologie der Baha'i, dass der Mensch nach Gottes Ebenbild geschaffen und somit darauf hin angelegt ist, die geistigen und göttlichen Belange im Austausch mit andern zu betrachten.
Zum Dialog für die Baha'i gehört wesentlich gerade mit Vertretern anderer Glaubensgemeinschaften, dass Unterschiede nicht eingeebnet und trennende Antworten nicht relativiert werden, sondern Differenzen verstehend wahrgenommen werden. Der Dialog soll das Profil der eigenen Überzeugung klar hervortreten lassen, aber so, dass der Gesprächspartner zum Überprüfen der eigenen Position angeregt wird. Den Baha'i ist es wichtig, den hohen Anspruch Baha'u'llahs (Einzigartigkeitsanspruch) nicht zu verleugnen. Man soll diesen sogar missionarisch vertreten, aber immer so, dass die Freiheit des andern gewahrt bleibt. Den andern überreden ist verpönt und verletzt die Kultur des Dialogs. Der Dialog darf in keiner Weise den Wahrheitsrelativismus fördern. Das Gespräch soll der gemeinsamen Wahrheitsfindung dienen, wobei das Verbindende, d.h. die Gemeinsamkeiten, aber auch das Trennende deutlich artikuliert werden sollen.

2. Auswertung der im Absolutheitsanspruch enthaltenen und für den interreligiösen Dialog geeigneten Substanz

In der Auseinandersetzung mit andern Religionen möchte ich nicht speziell auf die verschiedenen theologischen Ausgangspositionen eingehen wie Exklusivismus, Inklusivismus und Pluralismus. Soviel sei aber gesagt: Die Baha'i Religion vertritt eine Haltung, die dem Inklusivismus sehr nahe kommt, jedoch den Pluralismus mit seinem wahrheitsrelativistischen Ansatz verneint. Die Haltung der Baha'i scheint auf der individuellen Ebene eher pluralistisch zu sein, aber im Bereich der Prinzipien, die sie der Menschheit zur Schaffung eines dauerhaften Friedens anbietet, wirkt sie exklusivistisch.

Feste Säulen, Träger nicht aufgebbarer Substanz für einen fruchtbaren Dialog versuche ich in den folgenden Abschnitten a-e kurz anzusprechen:

a) Die Sicht in Bezug auf Gott

Zur nicht degenerierten Lehre gehört die monotheistische Sicht in Bezug auf Gott. Dieser darf von keinen andern Göttern konkurrenziert werden. Es ist der Gott Abrahams, Isaaks und Jakobs.[33] Er ist vollkommen gerecht und gnädig. Seine Schöpfung ist Ausdruck Seiner Liebe. Dieser Gott hat seit unvordenklichen Zeiten Seine Propheten und Boten zu allen Völkern gesandt und jeweils mit ihnen einen Bund geschlossen.[34] Der Bund, der allen Völkern gilt, weist auf einen Gott hin, der sich gleichsam dazu verpflichtet, sich verbürgt, alle Menschen zu lieben und sie in seinem Führungsplan einzuschliessen. Nach dem Baha'i Glauben sind alle bekannten Stifter von Religionen Manifestationen des wahren Gottes, eben jenes Gottes, der mit den Menschen der unterschiedlichsten Glaubenssysteme einen Bund geschlossen hat. Aber es gilt, auf diesen ursprünglich gemeinten Bundesgott hinzuweisen.[35]

b) Die hl. Schrift (Kitab-i-Aqdas)

Unter der hl. Schrift verstehen die Baha'i in erster Linie die umfangreichen Schriften Baha'u'llahs, zusammengenommen gegen 100 Bände. Aber auch die Gebete und ewig-gültigen Aussagen des Bab gehören zum Corpus der hl. Schrift. Nach dem Verständnis der Baha'i sind es göttlich offenbarte Schriften; denn weder der Bab noch Baha'u'llah hatten je die Möglichkeit, Wissen in einer höheren Schule zu erwerben. Waren sie

---

33 Baha'u'llah, Botschaften aus Akka 17,122 (offenbart nach dem Kitab-i-Aqdas) Hofheim 1982

34 Baha'u'llah, Ährenlese 87,6; Hofheim 1980

35 ibid., Ährenlese 34,3; 24

doch ständiger Verfolgung, Verbannung und Kerkerhaft ausgesetzt. Ihr Wissen ist demnach angeboren wie jenes von Christus. Da im Verlauf der Jahrhunderte die Religionen erstarrten, verursacht durch die Engstirnigkeit ihrer Anhänger – insbesondere durch die Machtgier der Geistlichen – was bei den Mullahs im Iran am besten sichtbar ist - wird eine geistige Erneuerung von innen her als zwingend erachtet. Dies nennen die Baha'i „fortschreitende Gottesoffenbarung". Die menschliche Vernunft bedarf im Übrigen der Erleuchtung durch Gottes Wort, um nicht fehlzugehen. Die Vernunft ist auf dem Gebiet der Ethik auf einen letzten, absoluten und nicht mehr hinterfragbaren Massstab angewiesen.
Die Baha'u'llah offenbarte Wahrheit ist im „Buch der Gewissheit" (Kitab-i-Aqdas) festgehalten. Aus dem Steinbruch der verschiedenen Religionen hat Baha'u'llah im 19.Jahrhundert aufgrund von Offenbarung die ursprüngliche reine Lehre herausdestilliert, die angeblich in allen Glaubensgemeinschaften anfangs vorhanden gewesen sein soll, dann aber im Verlauf der Jahrhunderte degeneriert ist. Die natürliche Vernunft, wenn sie sich nicht vom schriftgebundenen Glauben des „Kitab-i-Aqdas" erleuchten lässt, vermag nur in sehr beschränktem Ausmass zu erkennen, was gut und böse, wahr und falsch ist.[36] Einen Werterelativismus und Wertepluralismus lehnen die Baha'i ab. Es ist Hybris des Menschen, ohne vorgegebenen Massstab selbst zu entscheiden, was im ethischen Bereich gültig oder nicht verpflichtend sein soll. Die Unbedingtheit des Sollens kann nicht im Gewissen des Menschen begründet werden, sondern nur im Absoluten göttlicher Offenbarung. Erst die göttliche Offenbarung vermag den zentralen Werten die erforderliche

---

36 U. Schäfer, Freiheit und ihre Schranken; zum Begriff der Freiheit in Baha'u'llahs Kitab-i Aqdas Hofheim 1994; SS. 38 ff.; .

Verbindlichkeit zu verleihen, so dass Menschen motiviert werden, diese Werte auch zu befolgen.[37]

c) Anthropologie und Ethik im Kontext der imago Dei und der Wahrheit

Der Mensch soll die „imago Dei" wiederspiegeln durch eine Ethik, die auf dem Dekalog, insbesondere auf der „Goldenen Regel" aufgebaut ist und die Erkenntnis zum Ausdruck bringt, dass es bei Gott kein Ansehen der Person gibt. Daraus resultieren die Gleichwertigkeit der Geschlechter, Rassen und Nationen, kurz gesagt die universale Kindschaft Gottes.

Im gottesdienstlichen Leben bedeutet das auch die Distanzierung von einer ritualistischen und von magischen Elementen durchsetzten Frömmigkeit. Diese Distanzierung ist unerlässlich, weil Magie und Ritualismus wesentliche Hemmfaktoren der Mündigwerdung des Menschen sind.

Ziel und Sinn menschlichen Lebens ist Gotteserkenntnis als Erfassen der Wahrheit, die eine geistige Realität ist. Die Gottes–und Wahrheitserkenntnis darf keinesfalls sich auf Theorie beschränken. Wahrheitserkenntnis muss sich im Einsatz zum Aufbau einer menschenwürdigen, d.h. gerechten Gesellschaft bewähren, wo Menschen mit mündiger Haltung einander begegnen und Beziehungen kultivieren, die schliesslich zum weltweiten Frieden einer versöhnten, d.h. von Harmonie bestimmten Menschheit führen.

Die Baha'i sind davon überzeugt, dass man in allen Hl. Schriften der verschiedenen Religionen Grundwerte findet, die sich ergänzen und keineswegs im Widerspruch zu den internationalen Menschenrechten stehen.

---

[37] U. Schäfer, der Baha'i in der modernen Welt, Strukturen eines neuen Glaubens, Hofheim 1981

Bereits in der Antike wusste man, dass ohne verbindliche Ethik kein Recht Bestand hat, was Horaz in seinen Carmina 3,24.35 prägnant ausdrückt: *„Quid vanae leges sine moribus proficiunt?"*

Die plakativ erwähnten Auffassungen der Baha'i als unaufgebbare Wahrheit eignen sich gut zum interreligiösen Dialog, weil darin bereits Wesentliches von der „humanitas Dei" zum Ausdruck gelangt. Ich bin der Meinung, dass ausnahmslos alle Menschen aufgrund ihrer Erschaffung nach der Ebenbildlichkeit Gottes deshalb auch auf jene Lehren und Verhaltensregeln hin ansprechbar sein müssen, die mit der Menschenfreundlichkeit des Schöpfers zu tun haben. Die konsensfähigen Massstäbe zeigen sich mehr in der Empfänglichkeit der Menschen für Werte, die sie bei wertschätzender und gerechter Behandlung als wohltuend erfahren als in formulierten ethischen Lehren.

Erst mit dem Praktizieren der Tugenden entfaltet der Mensch sein zur Gottesebenbildlichkeit gehörendes Potential. Einige der Tugenden haben wir an früherer Stelle bereits erwähnt. Eine ausführliche Aufzählung ethischer Werte finden wir im „Kitab-i-Aqdas 120: Liebe zu Gott und zu den Menschen, Standhaftigkeit, Vertrauenswürdigkeit, Wahrhaftigkeit, Reinheit des Herzens in der Zwiesprache mit Gott, Langmut, Ergebenheit und alles, was der Allmächtige verordnet, Zufriedenheit mit allem, was Sein Wille bestimmt, Geduld, ja Dankbarkeit inmitten von Leiderfahrung und vollkommenes Vertrauen auf Ihn in allen Lebenslagen,[38] Selbstlosigkeit, kritische Selbsterkenntnis, Barmherzigkeit und Mitleid, Mässigung, Weisheit und Klugheit, Reinheit und Sauberkeit, Freiheit von Vorurteilen, Gastfreundschaft, Höflichkeit, Grossherzigkeit. Dem entgegengesetzt und verurteilungswürdig sind Neid, Habgier, Bosheit, Hass, Ränke und Misstrauen, Hochmut, Faulheit, üble Nachrede,

---

[38] Siehe diesbezüglich auch Baha'u'llah, Ährenlese 134,2, Hofheim 1980

Grausamkeit, Streitsucht, Heuchelei, Fanatismus. Aus all dem jetzt Aufgezählten ergibt sich als Konsequenz die Toleranz, die Gewissens – und Glaubensfreiheit mit ihren Schranken, und zu den Schranken gehört, dass es keine Toleranz gegenüber der Intoleranz, das heisst gegenüber Fanatismus geben darf.
Zu Rechtsnormen ausgestaltet sind Verbote von Mord und Totschlag, Brandstiftung, Sklaverei, Diebstahl, Ehebruch und sexuell chaotischem Verhalten, Glücksspiel und der Konsum aller berauschenden Getränke und Drogen.[39]
Kultur, Humanität und Gemeinwohl verblassen zu wesenlosem Schein, wenn eine verbindliche für alle geltende Ethik fehlt.
Die Wahrheit ist immer auch das menschenwürdige Handeln am andern, das von einer nicht relativierbaren Gerechtigkeit und Menschenachtung durchdrungen sein muss und universal für alle gilt. In diesem Zusammenhang verweist ein bekannter Baha' i- Autor auf Augustins Äusserung zur Wahrheit in seinen „Enarrationes in Psalmos LXXV, 17 (20): *„Non habeo quasi privatum meum, nec tu privatum tuum. Veritas nec mea sit propria, nec tua, ut et tua sit et mea .“* Die daraus gezogene Quintessenz könnte man so wiedergeben : *„Wenn etwas wahr ist, so für alle. Was nicht für alle wahr ist, ist es für niemanden.“*[40]
Die Glaubensgemeinschaft der Baha'i erhebt also einen Wahrheitsanspruch, der universal ist und sich von postmoderner und subjektiver Haltung entschieden distanziert.

d) Universaler Frieden als eschatologisches Ziel

Auffallend ist, welch grosses Gewicht Baha'u'llah auf den Weltfrieden legt. Da die Könige der Erde - so die Auslegung durch Shogi Effendi – den

---

[39] Siehe Kitab-i-Aqdas 19,45,62,72,119,155,190;
[40] Vgl. in Udo Schäfer, die mystische Einheit der Religionen, Hofheim 1997, S.33

„Grössten Frieden“ durch seine Botschaft im 19.Jahrhundert zurückgewiesen haben, muss die Welt erst schmerzvoll den Prozess des „Geringeren Friedens“ durchlaufen, was einer politisch erstrebten, aber instabilen Sicherheit gleichkommt. Doch ist das nicht der endgültige Frieden. Er spricht von einem eschatologischen Frieden, wo die Herzen der Menschen gewandelt sein werden. Dann wird es eine Einheit in der Mannigfaltigkeit geben. Die Liebe eines jeden wird so sein, dass sie niemanden ausschliesst, sondern allumfassend sein wird.[41]
Wenn die oben erwähnten Elemente der Wahrheit zur Tat werden, so muss das zum Frieden führen. Wahrheitsfindung und Friedensverwirklichung stehen in engstem Zusammenhang.
Eine grundsätzliche Haltung des Friedens als innere Einstellung ist wohltuend und öffnet Türen zum Gespräch.
Es soll keine Nation über eine andere herrschen; denn Herrschsucht führt zwangsläufig zum Streit, dem Gegenteil von Frieden. Baha'u'llah hat unzählige geflügelte Worte, die für die Baha'i Gläubigen sehr wichtig sind in der Begegnung mit Menschen anderer Religionen. Ein solches geflügeltes Wort mit grossem Friedenspotential ist: *„...Die Erde ist nur ein Land, und alle Menschen sind seine Bürger.“*[42] Udo Schäfer, einer der profiliertesten heutigen Baha'i-Autoren im deutschsprachigen Bereich weist in seiner Darstellung der Friedensauffassungen Baha'u'llahs auf verschiedene alttestamentliche Stellen hin wie Jes.2,2-5; 65,17; Sach.9,9-10; [43] Es darf auf keinen Fall einen Imperialismus irgendeiner Religion geben, der Unterwerfung von Angehörigen anderer Glaubensgemeinschaften verlangt. Das widerspräche dem Frieden.

---

41 siehe Shogi Effendi, Die Weltordnung Baha'u'llahs, Hofheim 1977, SS.67-70
42 Baha'u'llah, Botschaften aus Akka 11,13, op. cit.
43 Vgl. Udo Schäfer, die mystische Einheit der Religionen, Baha'i Verlag, Hofheim 1997, S.18

Wie verschieden davon ist die Friedensauffassung des Islams: Frieden herrscht erst, wenn sich alle Völker der Lehre des Korans unterworfen haben.

e) Psychologische Aspekte des Absolutheitsanspruchs

Nach der Auffassung der Baha'i darf der Absolutheitsanspruch nicht aufgegeben werden; denn dieser soll zum Ausdruck bringen, dass man Boden unter den Füssen hat, eine nicht zu veräussernde Kostbarkeit. Mit der Erscheinung Baha'u'llahs sind die messianischen Verheissungen aller Religionen vom Kommen eines endzeitlichen Heilbringers eingelöst.[44] Das neue Buch Gottes, also die dem Baha'u'llah im „Kitab-i-Aqdas" geoffenbarte Wahrheit ist die untrügliche Waage, auf der alles gewogen wird, ja dieses Buch ist geradezu der Interpretationshorizont für die Beurteilung der andern Religionen.[45] Indem der Baha'i - Gläubige an der Zuverlässigkeit, an der nicht Relativierbarkeit seines Glaubensinhaltes festhält und dabei aufzeigt, dass es sich um Kostbarkeiten handelt, die in der Religion des Andersgläubigen, nämlich in ihrer ursprünglichen Form auch einmal vorhanden gewesen sein muss, so ist damit keine von vornherein beleidigende und herabsetzende Aussage gemacht.

Eine solche Behauptung regt das andersgläubige Gegenüber zum Nachdenken und Überprüfen der eigenen Wurzeln an. Es geht substantiell vor allem um Aussagen, welche die ethische Ebene von Lebensfragen und Lebensvollzug betreffen. Und wenn dabei Früchte der „humanitas Dei" angesprochen werden, die vom universellen Gerechtigkeitsempfinden und von der Empfänglichkeit für ein Handeln nach der Goldenen Regel her gesehen ohnehin von jedermann sehr

---

[44] Kitab-i-Aqdas 80, Haifa 1992
[45] kitab-i-Aqdas 99

begehrt sind, so hat man eine gute Ausgangslage zu einem konstruktiven Gespräch.

Aus welcher Religionsgemeinschaft eine Person auch immer kommen mag, wenn sie sich nicht gedrängt fühlt, dem Gesprächspartner gegenüber gefügig sein zu müssen, sondern sich zunächst einmal an der dialogischen Begegnung freuen darf, so hat das auf der menschlichen Ebene eine harmonisierende Wirkung. Es handelt sich dabei bereits um eine Art wesentliche mitmenschliche Friedensbeziehung.

Durch das Festhalten an den sich als kostbar erweisenden Werten, die dem Andersgläubigen ja auch gehören sollen, vermittelt der Baha'i seinem Gesprächspartner einen Rahmen von Geborgenheit. Diese Geborgenheit besteht u.a. darin, dass das Gespräch eine Atmosphäre von Verbindlichkeit schafft. Die Begegnung erhält schon dadurch ein Gewicht, dass die geäusserten Überzeugungen nicht im Belanglosen sich verlaufen.

Der Dialog darf Trennendes nicht vernebeln, aber das Gewicht liegt vor allem auf dem, was verbinden soll. Wenn die verschieden positionierten Gesprächspartner das Trennende, das einem gemeinsamen Weltethos widerspricht, deutlich heraus arbeiten, so dient das zur Festigung der eigenen Identität auf beiden Seiten. Das Gegenüber muss es als ehrend und wohltuend empfinden, wenn seine Identität respektiert wird.

Wenn ein Baha'i seinen Absolutheitsanspruch nicht aufgibt, so will er den im interreligiösen Dialog involvierten Gesprächspartner dazu ermutigen, danach zu suchen, ob es in seiner Religion nicht auch Werte gibt, die er nicht aufgeben darf, also absolut sind. Es ist dieses Absolute, das eben identitätsstiftend ist. Und genau diese auf beiden Seiten als absolut anerkannten Werte enthalten häufig ein Potential zu gegenseitiger Verständigung, Förderung und Wertschätzung, was den Frieden unterstützt. Es dreht sich letztlich alles um den Frieden.

Im Vergleich zu einem korantreuen Islam, der jegliche historisch kritische Sicht seines heiligen Buches strikte ablehnt, finden wir in Bezug auf den Absolutheitsanspruch der Baha'i einen fundamentalen Unterschied. Ein korantreuer Islam betrachtet alle Vertreter anderer Religionen als minderwertig und unrein.[46] Dieser Haltung widerspricht Baha'u'llah vehement im Kitab-i-Aqdas 75.
Der Absolutheitsanspruch der Baha'i verbietet ausdrücklich jegliche Verfluchung oder Schmähung Andersgläubiger.[47] Der Koran gebietet in Sure 3,60-63 ausdrücklich die Verfluchung von Ungläubigen.[48]
Die für den Dialog so wichtige Glaubwürdigkeit in Bezug auf die Achtung des andern zeigt sich bei den Baha'i auch deutlich in der Ablehnung diskriminierender Schranken. So darf eine weibliche oder männliche Person der Baha'i Religion eine heterosexuelle Ehe mit einem Menschen einer andern Religion eingehen.[49] Wie erschwerend für einen fruchtbaren Dialog ist beispielsweise die Aussage im Koran von Sure 3,119: *„O Gläubige! schliesst keine Freundschaft mit solchen, die nicht zu eurer Religion gehören. Sie lassen nicht ab, euch zu verführen und wünschen nur euer Verderben."*
Baha'u'llah betont die herzliche Verbundenheit im Geist des Wohlwollens mit Menschen aus den verschiedensten Religionen.[50] Toleranz hat einen hohen Stellenwert im Sinn von Duldsamkeit anderer Positionen, aber auch im Sinn der Nachsicht gegenüber festgestellten Schwächen am andern.[51]

---

46 Koran, Sure 9, 28-30! Goldmann Verlag, München 1959; Siehe auch Encyclopedia of Islam, ed. on behalf of the Royal Netherlands Academy by H.A.R. Gibb and J.H. Kramers, Leiden 1961, SS. 431 ff.,

47 Siehe Baha'u'llah, Botschaften aus Akka 3,26; 4,21; 8,62; 15,2! Hofheim 1982
48 Siehe Ignaz Goldziher, Vorlesungen über den Islam, Heidelberg 1963, S. 204
49 Siehe Kitab-i-Aqdas 139!
50 Siehe Kitab-iAqdas 144! Baha'u'llah, Botschaften aus Akka 3,5; 4,10; 7,13.
51 Baha'u'llah, Botschaften aus Akka 4,12; 11,21; 17,28

Toleranz darf aber nicht indifferent sein. Sie darf nichts dulden, was am Wesentlichen vorbeigeht. So warnt Baha'u'llah in seinem „Kitab-i-Aqdas 77+177 ausdrücklich vor nutzlosem theologischem Wortstreit, metaphysischen Haarspaltereien und Bigotterie.[52]

Allem gegenüber, was menschenverachtend ist, darf es keine Toleranz geben. Den Fanatismus brandmarken die Anhänger der Baha'i Religion mit aller Schärfe.[53]

Dadurch kommt deutlich zum Ausdruck, dass der Baha'i - Glaube Menschen vor totalitären Machenschaften schützen will. Der Mensch ist letztlich wichtiger als die Religion oder Ideologie. Wie bereits weiter oben gesagt, ist die herzliche Verbundenheit mit Menschen aus allen Religionen etwas vom Wichtigsten. Deshalb ist alles, was Feindschaft und Hass schürt, zu bekämpfen. Zweck der Religion ist letztlich Liebe, Harmonie und Frieden unter den Menschen.[54]

Damit diese genannten Werte sich aber durchsetzen können, ist das dialogische Ringen mit Vertretern anderer Religionen nötig. Aber der Ausgangspunkt muss die Hl. Schrift der Baha'i sein, das „Kitab-i-Aqdas", welches Baha'u'llah vom einzig wahren Gott geoffenbart worden ist.

Beim Lesen der Baha'u'llah geschenkten Offenbarung im "Kitab-i-Aqdas" gewinnen Menschen unabhängig von ihrer Religionszugehörigkeit die Erkenntnis der Wahrheit, ja sie erhalten durch die Erleuchtung zusätzlich die Kraft, die vorwiegend ethisch verstandene Wahrheit im praktischen Leben umzusetzen in Form von Tugenden.

Was die Baha'i tun, ist nichts anderes als den Religionen den ursprünglichen Wesenskern entnehmen und das Wichtigste in Kürze kleiden. Durch das Aufspüren des Wesenskerns findet man den

---

52 Baha'u'llah, Botschaften aus Akka 6,28

53 Baha'u'llah, Brief an den Sohn des Wolfes 19, Frankfurt 1966

54 Baha'u'llah, Botschaften aus Akka 11,6; Ährenlese 34,5; Hofheim 1980

kritikimmunen Orientierungsrahmen, der Grundlage aller Kultur ist und Voraussetzung für wahren weltumspannenden Frieden, Sicherheit und Wohlfahrt im Politischen. [55]

Einen angeborenen Sinn für die Würde des Menschen, der ihn vor dem Tun des Bösen bewahren würde, gibt es allerdings nicht. Der Sinn für Ehrbarkeit und Würde muss im Gehorsam gegenüber der göttlich offenbarten Lehre erworben werden, die als einzigartiges Geschenk Gottes verstanden wird. Oder anders gesagt: Dank der Erziehung aufgrund der offenbarten ethischen Normen entsteht in uns die Liebe gegenüber all dem, was mit der Würde und Wertschätzung der Menschen zu tun hat.[56]

Der Sinn für menschliche Würde gehört zum Zentralen.

Missionarisches Engagement für Glaubensüberzeugungen, welche die Menschenfreundlichkeit Gottes in den offenbarten Werten als absolute Wahrheit sehen, ist notwendig; denn in diesen offenbarten Werten, die das Potential zum Aufbau einer menschenwürdigen und freien Gesellschaft ermöglichen, ist die Toleranz ein bestimmender Faktor. Es gehört zu diesen offenbarten Werten, wie wir sie als Tugenden bei den Baha'i kennen gelernt haben, dass Gewalt nie ein wahrheitsfunktionales Argument sein kann, es sei denn zur Herstellung von Recht und Ordnung, damit bedrohte Freiheit wieder gewährleistet ist. Eine Grundregel für die Baha'i ist, dass niemand einer Glaubensgemeinschaft das Recht auf Mission absprechen darf; denn wer Vertretern einer gewissen Religion oder Ideologie dieses Recht abspricht, kommuniziert das Vorurteil, dass der andere nicht an der Wahrheit interessiert sei und dass es sich nicht lohne, dem andern seine Position anzuhören. <u>Einen Absolutheitsanspruch</u>

---

[55] Siehe Baha'u'llah, Botschaften aus Akka 6,27; 7,5; 7,13; 8,53; 11,11-12

[56] Siehe ‚Abdu'l-Baha, das Geheimnis göttlicher Kultur, Oberkalkbach 1973, S. 88

zu vertreten und dabei dennoch tolerant zu sein, widerspricht sich keineswegs. Missionsverbot ist dem bürgerlichen Frieden abträglich.

Dialog ist falsch verstanden, wenn es sich dabei um die Bereitschaft handeln sollte, prinzipiell einen offenen Ausgang des Gesprächs zu erwarten. So tritt ein Christ mit einem Moslem nicht in einen Dialog mit der Bereitschaft, sich vielleicht doch noch davon überzeugen zu lassen, dass Jesus nicht der Sohn Gottes und die Trinitätslehre ein Unsinn sei. Wenn auch im Dialog ein missionarisches Anliegen dem andern zugestanden werden muss, so darf das Gespräch nicht durch einen Erwartungsdruck belastet sein, weil die Freiheit ein Wert ist, der zur Menschenwürde gehört und den man nicht aufgeben darf.

Es gibt nun auch so etwas wie einen Anstand für all jene Religionsangehörigen, deren Glauben nicht derjenige ihres Gastlandes ist. Wo es sich hinsichtlich religiöser Gepflogenheiten um homogene Territorien handelt, da ist es das Recht der Mehrheit, ihre gemeinschaftlichen religiös-kulturellen Lebensäusserungen zu privilegieren. So sollte es selbstverständlich sein, dass Moslems in christlichen Ländern nicht erwarten dürfen, auf ihre Präsenz in aggressiver Weise aufmerksam zu machen durch Gebetsrufe des Muezzin vom Minarett aus. Die christliche Identität der Mehrheit ist zu berücksichtigen. Ebenso wenig steht es Christen an, in einem moslemischen Gastland Kirchen mit Türmen zu bauen und von diesen aus mit Glockengeläut die islamische Identität zu stören. Eine kleine religiöse Minderheit kann nicht verlangen, das Gesicht der angestammten Religion mit demonstrativen Bauten verändern zu wollen. Es muss genügen, dass es niemandem verwehrt ist, sich der jeweilig andern Religionsgemeinschaft anzuschliessen.

III. WERTVOLLE PRINZIPIEN DER BAHA'I ALS METHODE ZUM EINBRINGEN DES EINZIGARTIGKEITSANSPRUCHS JESU IM INTERRELIGIÖSEN DIALOG

1. Die obligatorische Substanz der Baha'i: Zusammenfassung

Ich bin davon überzeugt, dass i n der Hl. Schrift des AT und NT die wichtigsten Prinzipien für einen interreligiösen Dialog enthalten sind. Doch die Gefahr ist gross geworden, in einer säkularisierten und multikulturell gewordenen europäischen, ja überhaupt westlichen Gesellschaft den Einzigartigkeitsanspruch Jesu zu verleugnen. In der homogenen Gesellschaft des bis vor kurzem noch existierenden Abendlandes war es viel einfacher, den christlichen Absolutheitsanspruch zu vertreten. Weil dieser Einzigartigkeitsanspruch Jesu nicht irgendeine Option ist, sondern eine Forderung des Evangeliums, deshalb ist dieser ernst zu nehmen. Die Bedeutung der Baha'i für uns Christen besteht meines Erachtens vor allem in der Spiegelfunktion. Die Baha'i Religion zeigt uns mit ihren Lehren und Dialogpraktiken wie in einem Spiegel ganz wesentliche Elemente unsrer eigenen Tradition, die wir im Begriff sind zu vergessen. Baha'u'llah, der Verfasser umfangreicher eigener Offenbarungsschriften, hat auch die zur Einigkeit und Brüderlichkeit verpflichtenden Lehren des AT und NT nachdrücklich betont. Darüber hinaus fällt im Schrifttum das Bild eines barmherzigen, menschenfreundlichen Gottes auf, der – wenn es nötig ist – auch züchtigen kann. Dadurch ruft uns die Baha'i Religion das in Erinnerung, was wir in unsrer eigenen Tradition keinesfalls vergessen dürfen. Zusammenfassend im Sinn einer Anatomie des Absolutheitsanspruchs ist an erster Stelle die „humanitas Dei“ zu erwähnen, die sich in folgendem zeigt:

<u>Erstens im Gottesbild:</u> Die monotheistische Prägung des Gottesbildes hebt sich ab von den polytheistischen Vorstellungen manch anderer Religionen. Gott teilt sich als Person mit, die sich in Bündnissen

gegenüber allen Völkern verpflichtet und sich von keiner andern Gottheit konkurrenzieren lässt. Es handelt sich um einen Gott, der keine dumpfe Beziehung zu den Menschen haben will durch magische Praktiken. Es handelt sich um den wahren Gott, der die Menschen als Seine Ebenbilder sieht und ihre Mündigkeit will.

Zweitens in der Hl. Schrift: In den heiligen Schriften der Baha'i ist die für alle Menschen einsichtige Wahrheit deponiert. Diese enthält die Substanz aller Religionen, jedoch in ihrer ursprünglich reinen Form. Die nicht relativierbaren Anschauungen über gut und böse, richtig und falsch sind in dieser Schrift enthalten. Diese lädt dank ihrem das Mitdenken der Menschen fordernden Anspruch dazu ein, den kritischen Dialog zu führen und so die Mündigkeit des einzelnen zu fördern.

Drittens in der Anthropologie und Ethik:
Die Ethik wiederspiegelt mit ihrer Betonung des Dekalogs und der Goldenen Regel sowie mit dem Appell an die Menschenwürde ganz besonders die „Menschenfreundlichkeit Gottes" (humanitas Dei), bei dem es kein Ansehen der Person gibt. Es geht um praktizierte Wahrheit als menschenwürdiges Handeln am andern. Es sind in der Ethik alle jene bereits aufgezählten Werte gemeint, die der andere (der nicht der Baha'i Religion Zugehörige) als wohltuend und wertschätzend empfindet, wenn sie auf ihn angewendet werden.

Viertens in der eschatologischen Sicht des weltweiten Friedens:
Das in der Hl. Schrift offenbarte Gottesbild sowie die Ethik als Vollzug der Wahrheit führen letztlich zum weltweiten Frieden, zur versöhnten Menschheit, wo Harmonie zwischen Menschen, Gott und Kosmos vorhanden sein wird.

Fünftens in den psychologischen Aspekten des Absolutheitsanspruchs:
Es geht dabei vor allem darum, im vertretenen Absolutheitsanspruch dem Andersgläubigen zu vermitteln, dass in der Ursprungsform seines angestammten Glaubens nicht aufzugebende Werte vorhanden sind, welche die Würde des Menschen stützen und letztlich verbindend wirken. Der im Dialog verpackte Absolutheitsanspruch beinhaltet bei den Baha'i eine Art von „captatio benevolentiae". Indem Trennendes nicht verschwiegen und Konsens nicht erzwungen wird, geben die verschieden positionierten Gesprächspartner einander zu verstehen, dass sie sich ernst nehmen.

2. Die von den Baha'i ausgehende Ermutigung zur Besinnung auf unsre christlichen Wurzeln und zum Bezeugen des Einzigartigkeitsanspruchs Jesu im interreligiösen Dialog sowie prinzipiell Unterscheidendes zu dieser und andern Religionen

a) Ermutigung zur Besinnung auf die christlichen Wurzeln und zum Bezeugen des Einzigartigkeitsanspruchs Jesu im interreligiösen Dialog

Es sei in unserer Untersuchung dahingestellt, wie viel die Väter der Baha'i - Religion biblischer Tradition entnommen haben. Uns sollte wichtig sein, was an ihrer Auffassung bezüglich Absolutheitsanspruch im interreligiösen Dialog brauchbar ist.
Wie bereits gesagt, finden wir bereits im AT, vor allem aber im NT die nötigen Prinzipien für den interreligiösen Dialog. Da uns Christen diesbezüglich manches an den nötigen Erkenntnissen abhanden gekommen ist, kann eine Religion wie die der Baha'i uns wie in einem Spiegel nicht Aufgebbares neu bewusst machen.
Wenn die Baha'i sich nicht schämen, ihre Hl. Schrift des Kitab-i-Aqdas auf den Leuchter zu stellen und sich immer wieder darauf als göttliche Offenbarung zu berufen, so darf uns das eine Mahnung sein, im interreligiösen Dialog bei den Grundlagen zu bleiben, das heisst,

schriftbezogen zu argumentieren gegenüber Vertretern anderer Religionen. Dadurch vermittelt man seinem andersgläubigen gegenüber eine Haltung, die sich nicht von willkürlichen subjektiven Meinungen bestimmen lässt. Wenn nach Auffassung der Baha'i in ihrer Hl. Schrift das ursprünglich Wahre aller Religionen in Form eines Destillates vorhanden ist, so wird dem Gesprächspartner kommuniziert, dass es Gemeinsames und somit Verbindendes gibt. Wie weit die Behauptung bezüglich des Kitab-i-Aqdas als Destillat der in allen Religionen vorhandenen Wahrheit ein Konstrukt ist, lasse ich zunächst dahingestellt. Es geht in erster Linie um brauchbare Brücken zum andern hin.
Den streng monotheistisch verstandenen personalen Gott passen die Baha'i keineswegs hinduistischen oder buddhistischen Gottesbildern an. Dieser personale Gott soll in seinen mannigfaltigen Eigenschaften und Verordnungen von allen andern Religionsangehörigen entdeckt werden. Er schliesst alle Menschen ein, was Er durch Seinen Bund mit allen Völkern bekundet. Nicht durch magische Praktiken und Zeremonien in Form von Zauberei will Er den Menschen begegnen. Im interreligiösen Dialog gewinnen wir Christen an Profil, wenn wir das Einzigartige des Personseins Gottes hervorheben und damit auch das Fehlen magischer Dimensionen als Gewinn darstellen. Oft versuchen „Christen“, das Heidnisch-Magische im interreligiösen Dialog als eine legitime Andersartigkeit entgegenzunehmen, wenn es sich um Gespräche mit typisch paganen Religionsgemeinschaften handelt wie mit Animisten, Hindus oder Buddhisten. Damit ist das biblische Nein gegenüber jeglicher Magie verleugnet.
Die Baha'i ermutigen uns, als Christen den personalen Gott zu bezeugen in Seiner Menschenfreundlichkeit, in Seiner Einladung zu verbindlicher Nachfolge. Gerade im interreligiösen Dialog ist es sehr wichtig, dass wir als Christen die Einzigartigkeit Jesu bezeugen und aufzeigen, dass die

Glaubens – und Gewissensfreiheit eine Geste Gottes ist, mit der Er einen jeden ernst nimmt. Der andere darf das, was wir ihm als wahr und zuverlässig bezeugen, prüfen. Er darf es in Frage stellen, ohne deswegen bedrängt oder bedroht zu werden weder in physischer noch in psychischer Hinsicht. Im nicht Totalitären zeigt Gott Seine absolute Wahrheit, die eben in Seiner Menschenfreundlichkeit besteht.

Die Baha'i machen es uns Christen bewusst, dass wir vor dem Bekennen des Absolutheitsanspruchs nicht zurückschrecken müssen, solange dieser die Verneinung jeglicher Totalitarismen beinhaltet und die Verneinung jeglichen Machtanspruchs zur Bevormundung und Unterdrückung von Menschen. Wenn der Dialog substantiell von der „humanitas Dei" getragen ist, so sollte man als Christ überhaupt nicht zögern, den Absolutheitsanspruch Jesu mit Überzeugung zu vertreten vor allem aufgrund der Erkenntnis, dass Glaubens – und Gewissensfreiheit als Voraussetzung zur Mündigwerdung der Menschen ja im Evangelium als dem grössten Garanten für diese Werte verankert ist. Mit der Relativierung des Anspruchs vom Evangelium würden wir Christen ja gerade diesen Garanten preisgeben und in falsch verstandener Toleranz Tür und Tor öffnen für totalitäre Ideologien. Das Vertreten des Absolutheitsanspruchs steht also in direktem Zusammenhang zur Bekämpfung von Totalitarismen, ob diese nun als politische Machtansprüche, als religiöse Ideologien oder rassistische Wahnvorstellungen daherkommen.

Die Baha'i machen uns mit ihrer Betonung der Wahrheit als gelebter Ethik bewusst, wie das als verbindlich Deklarierte jener die Menschen achtenden Werte das grosse Potential in sich birgt, einander über die Grenzen der Religionen hinweg als Geschöpfe der Ebenbildlichkeit Gottes zu verbinden. Diese Verbindung geschieht quer durch alle Rassen, sozialen Stände und Völkergruppen hindurch und vermag einen

Vorgeschmack vom endgültigen Frieden und von bleibender Harmonie zu geben, mehr nicht, aber auch nicht weniger. Die Besinnung auf ethisch verbindliche Werte als Gesprächsthema in interreligiösen Beziehungen ist ein Impuls, den wir von den Baha'i empfangen dürfen. Als Christen ist es dann unsere Aufgabe, in gründlicher Analyse aufzuzeigen, dass diese Werte in einzigartiger, nicht überbietbarer Weise im AT und NT bereits offenbart sind. Es gilt aber auch zu bezeugen, wem wir diese Werte zu verdanken haben, nämlich dem dreifaltigen Gott.

Vom Taktischen her - was in enger Beziehung zu den psychologischen Aspekten des Absolutheitsanspruchs steht - lernen wir von den Baha'i, ohne Vorurteile dem Andersgläubigen zu begegnen und keine diskriminierenden Äusserungen zu fällen.

Indem menschenunwürdigen Auffassungen die Wahrheit der menschenfreundlichen Werteordnung Gottes als Kontrast gegenübergestellt wird, geschieht bei den Baha'i konstruktive Kritik, indem sie ohne abwertende Behauptungen einfach die Fakten sprechen lassen. Diese Taktik ist sehr wertvoll im interreligiösen Dialog, wenn man nicht aufzugebende Werte einbringen möchte, die allen Menschen zu gut kommen sollten. So würde beispielsweise ein Baha'i die Kritik der Diskriminierung der Frauen unter Hindus, Buddhisten, Moslems und orthodoxen Juden nicht durch diesbezüglich ablehnende Äusserungen einbringen. Ein Baha'i würde aufzeigen, wie bei ihnen die Praxis aussieht, was die Behandlung der Frauen durch Männer anbetrifft und dieser Tatbestand sollte für sich sprechen.

Wenn die Baha'i gleichsam stellvertretend alle Hochreligionen repräsentieren wollen und in diesen vorwiegend das Verbindende suchen, so dass das angeblich Ursprüngliche und Gesunde hervorsticht, so sind damit viele Brücken geschlagen, die von grosser taktischer Bedeutung sind. Es handelt sich hier um die unverzichtbare „captatio benevolentiae".

Wir Christen könnten im interreligiösen Dialog mit diesem Procedere taktvoll bezeugen, was es an nicht aufzugebenden Werten gibt, die Gott ursprünglich für alle Menschen gewollt hat.
Wenn wir auch nicht davon ausgehen, dass die andern Religionen in ihrem Ursprung gesund und wahrheitsträchtig gewesen sind, so könnten wir doch taktisch in Anlehnung an die Baha'i so mit dem Andersgläubigen sprechen, dass für diesen unsere Wahrnehmung seiner Religion nicht negativ belegt ist durch das, was wir „atmosphärisch" im Gespräch ausdrücken. Und doch sollten wir uns von den Baha'i darin unterscheiden, dass wir statt auf das angeblich Heile im Ursprung aller Religionen zurückzugreifen, auf das hinweisen, was Gott für die Menschen aller Religionen an Erneuerung geplant hat und verwirklichen will. Es geht also auch um eine Art „ captatio benevolentiae", die meines Erachtens biblisch legitim ist, wenn wir Andersgläubige im interreligiösen Dialog „sub specie aeternitatis" sehen und das auch zu artikulieren wagen.
In der Baha'i Religion nimmt in der Wahrheitsfrage die Freiheit einen hohen Stellenwertein. Im Teil **I** auf S .7 ff. haben wir unter dem Titel **DIE FRAGE NACH WAHRHEIT UND ABSOLUTHEITSANSPRUCH** das nicht aufzugebende Moment der Freiheit betont, das eng mit ethischen Werten verknüpft ist. Wir Christen aus den etablierten und gesellschaftlich noch weitgehend anerkannten Grosskirchen stimmen sicherlich folgender Aussage von Susanne Schaup zu, einer evangelisch geprägten Publizistin: *„Eine mit Gewalt oder auch nur irgendwie fanatisch verteidigte Wahrheit wird beschädigt. Sie büsst ihren Anspruch auf Wahrheit ein.“*[57] Fanatismus und Rechthaberei ist unter ökumenisch gesinnten Christen kaum ein Problem. Obschon wir von Jesus selber das so tiefgreifende Wort in Joh.8, 32 überliefert haben, dass zum christlichen Glauben

---

[57] Susanne Schaup, „Welcher Ring ist der echte?", Horizonte Verlag, Stuttgart 1994, S. 33

Gekommene die Wahrheit erkennen und durch die Wahrheit Befreiung erfahren, so haben wir in interreligiösen Gesprächen oft nicht die Freiheit, den Einzigartigkeitsanspruch Jesu zu vertreten. Wir haben Angst, arrogant zu wirken und beim Gesprächspartner den Eindruck zu erwecken, als ob wir die Wahrheit gepachtet hätten. Die Baha'i haben aber eine Souveränität und Freiheit, auf die Einzigartigkeit ihrer Hl. Schrift und ihres Propheten Baha'u'llah hinzuweisen, da sie eine gesunde Selbstsicherheit haben, ihre religiösen Schätze ohne Aufdringlichkeit und ohne negativ qualifizierende Bemerkungen in Bezug auf die andern Religionen vorzustellen.

Wir Christen haben allen Grund, uns diesbezüglich die Baha'i als Beispiel zu nehmen.

Nach dem Befund des NT ist es eindeutig, dass nicht wir als Christen die Wahrheit als Besitz haben, sondern dass die Wahrheit uns hat. Die Wahrheit ist nicht etwas Verfügbares, sie ist weitgehend personaler Art in der Gestalt Jesu Christi. Weil der Wahrheitsanspruch des Evangeliums allem Totalitären widerspricht und auf der „humanitas Dei“ gründet, ist sie ein Muss, eigentlich das Beste, das wir Andersgläubigen schulden. Wir tun uns schwer, die Wahrheit des Evangeliums missionarisch weiterzugeben. Auch in dieser Hinsicht sollten uns die Baha'i in ihrer Haltung eine Ermutigung sein. Durch die missionarische Haltung will der auf die Bibel gegründete Christ keinesfalls seinen andersgläubigen Gesprächspartner vereinnahmen. Es geht um das Bezeugen der eigenen Identität, so dass der andersgläubige Gesprächspartner durch Konfrontation zur Stellungnahme eingeladen und ihm Gelegenheit gegeben wird, sich über seine eigene Identität mehr Rechenschaft zu geben. Susanne Schaup, die evangelische Publizistin, sieht in der Baha'i Religion einen wichtigen Auftrag, für den sie den Begriff Mission braucht. Schaup bringt in Bezug auf Mission ein Verständnis ein, das für uns sehr

wertvoll sein könnte. Sie schreibt folgendes: *„Es besteht für mich kein Zweifel, dass sie* (gemeint ist die Baha'i Religion) *in unserer Welt eine Mission zu erfüllen hat. Dass sie es nicht mit aggressivem Missionseifer, sondern eher als weiser Katalysator tut, ist ihr Verdienst."* [58]
Mit dem Begriff „Katalysator" im Kontext von Mission ist etwas angesprochen, das für einen fruchtbaren interreligiösen Dialog unentbehrlich ist. Als Christen ist es unser Auftrag, dem Andersgläubigen ein klares Signal zu geben, dass er den von uns bezeugten Glauben einer kritischen Sichtung unterziehen darf. Zum biblischen Wahrheitsverständnis gehört ja wesentlich die Einladung zum Prüfen mit der Gabe des Verstandes, was die Baha'i sehr betonen. Indem wir Christus bezeugen als Person gewordene Wahrheit und als Gottmenschen, in dem nach Kolosser 1,19 die ganze Fülle wohnt und nach Kolosser 2,3 alle Schätze der Weisheit und Erkenntnis beschlossen liegen, so löst das einen Prozess im Andersgläubigen aus, der zu Fragen Anlass gibt, aber auch das Ringen um Stellungnahme und Entscheidung mit sich bringt.
Bevor ich einiges zu den Unterschieden zwischen biblisch-christlichem Glauben und den Baha'i sowie andern Religionen erwähne, soll noch ein Gedanke zur eschatologischen Sicht der Baha' Religion folgen, die für uns im Sinn einer Bestätigung wertvoll sein dürfte. Das Moment der Bestätigung, das aufgrund einer gewissen Übereinstimmung erfolgen kann, ist im interreligiösen Dialog eine Brücke zur Verständigung.
Die Gerechtigkeit, die sich aus den bereits erwähnten auf die „humanitas Dei" gegründeten ethischen Normen ergibt, führt letztlich zur endgültigen Harmonie im Sinn von dauerhaftem Frieden. Unter den in die weltweite Ökumene integrierten Christen ist ja schon seit mehr als zwei

---

[58] ibid. S. 37

Jahrzehnten Gerechtigkeit, Bewahrung der Schöpfung und Frieden ein zentrales Thema. Aber gerade in Bezug auf die Eschatologie haben wir grosse Chancen der Anknüpfung, die wir nützen sollten. Kaum etwas ist ein solcher Dauerbrenner wie die Frage nach Gerechtigkeit und Frieden. Wie es darum bestellt ist, versuche ich unter anderem im letzten Abschnitt zu klären.

b) Prinzipielle Unterschiede zwischen christlichem Glauben und den Baha'i sowie andern Religionen

Das entscheidend Wichtige, das nun über die Baha'i und alle andern Religionen hinausgeht, liegt in folgendem: Es bleibt nicht bei einem Dialog, wo jede Partei auf Selbstdarstellung, Profilierung oder gar Durchsetzung der eigenen Meinung erpicht ist. Im biblisch-christlich verstandenen interreligiösen Gespräch geht es um eine Kommunikationsart, die der indische Theolog Daniel Jeyaraj als „Trilog“ [59] bezeichnet.

Damit meint Jeyaraj die kritisch-sichtende Funktion des Hl. Geistes, der als Geist der Wahrheit und Liebe den nicht christlichen Gesprächspartner ernst nimmt, es aber dabei nicht unterlässt, den bezeugten Christus zu verherrlichen. Sehr im Unterschied zur Auffassung der Baha'i zeigt das NT, dass die „humanitas Dei“ in Jesus sich inkarniert hat und Er die Menschenfreundlichkeit Gottes uns vorgelebt hat.

Alle johanneischen Ich- Bin - Worte Jesu weisen für uns auf Seinen Einzigartigkeitscharakter, ja auf Seinen Absolutheitsanspruch hin. Doch der wirklich springende Punkt für den Absolutheitsanspruch müssen wir woanders suchen.; denn Baha'u'llah macht Aussagen in Bezug auf sich selber, die den Ich-Bin-Worten Jesu sehr nahe kommen wie z.B. folgende: *„Ich bin vom Thron der Herrlichkeit zu euch gekommen, o Menschen, und*

---

59 Daniel Jeyaraj, „Theologische Leitlinien für den interreligiösen Dialog“, Vortrag gehalten am 2.11.1996 in Aarau; siehe Idea Dokumentation 155/96 unter dem Titel „Wenn Christen den Religionen begegnen“.

bringe euch eine Verkündigung von Gott, dem Machtvollsten, dem Erhabensten, dem Grössten. In Meiner Hand trage ich das Zeugnis Gottes, eures Herrn und des Herrn eurer Väter. Wägt es auf der rechten Waage, die ihr besitzet, der Waage des Zeugnisses der Propheten und Boten Gottes." [60]

Oder: *„Ich bin es, der von Ewigkeit her Quell aller Herrschaft und Macht war, der durch alle Ewigkeit fortfahren wird, Sein Königtum zu besitzen und Seinen Schutz allem Erschaffenen zu gewähren.* [61]

„Ich bin wahrlich der Pfad zu Gott für alle in den Himmeln und auf Erden. Selig, wer dorthin eilt!" [62]

„Ich bin die Wahrheit und kenne das Ungeschaute." [63]

Die Wahrheit mit all ihren Elementen, wie ich sie am Anfang meiner Darstellung aufgezeigt habe, stimmt in manchem mit der Wahrheitskonzeption der Baha'i überein. Doch der wesentliche Unterschied zeigt sich darin, dass jedes dieser Elemente in Jesus ihre Erfüllung finden. Wenn uns die Personalisierung der erwähnten Elemente wichtig ist, so ist das schlechthin Einzigartige der Versöhnungstod Jesu, zu dem es in der Religionsgeschichte keine Parallele gibt.

Es seien nun lediglich wenige dieser Elemente der Wahrheit herausgegriffen, die auch den Baha'i wichtig sind, aber aufgrund der neutestamentlichen Offenbarung weit über das hinausgehen, was die Baha'i oder andere Religionenen darunter verstehen. Doch ein fünftes noch angefügtes Element ist den Baha'i nicht wichtig, für Christen aber nicht weg zu denken. Es geht dabei um die Wiederherstellung der Ganzheitlichkeit.

---

60 Baha'u'llah, Ährenlese 129,5
61 Baha'u'llah, Ährenlese 139,1
62 Baha'u'llah, Anspruch und Verkündigung, 1,46
63 Baha'u'llah, Anspruch und Verkündigung, 1,39

Greifen wir jetzt zunächst vier dieser Elemente der Wahrheit heraus: Erhellende Erkenntnis, Ethik als gerechtes Handeln nach dem Dekalog und der Goldenen Regel, Frieden, Zuverlässigkeit.
Wenn zur Wahrheit erhellende Erkenntnis gehört, so erhält diese Einsicht eine letzte Steigerung, die in Jesus sich verwirklicht und in Seiner Person zur Vollendung gelangt.
Das kommt in Jesu Ausspruch in Joh.8, 12 zum Ausdruck: *„Ich bin das Licht der Welt, wer mir nachfolgt, wird nicht in der Finsternis wandeln, sondern er wird das Licht des Lebens haben."*
Nehmen wir als weiteres Element der Wahrheit die Ethik im Sinn von gerechtem Handeln aufgrund des Dekalogs und der Goldenen Regel mit dem darin enthaltenen Friedenspotential. Bereits das AT, vor allem aber das NT zeigen den Menschen sehr kritisch als von Gott abgefallenes Geschöpf, das niemals aufgrund seines inneren und natürlichen Potentials den nötigen ethischen Standard erreichen kann, um vor Gott gerechtfertigt da zu stehen und die aus dem Lot geratene Welt aus eignen Ressourcen zu sanieren.
Das Einzigartige ist nun, dass Jesus die ethischen Defizite von uns geschaffenen Menschen kraft Seiner Schuldlosigkeit, beziehungsweise Sündlosigkeit durch Seinen Opfer -und Versöhnungstod am Kreuz begleicht und jene Gerechtigkeit anbietet, die wir uns im Glauben aneignen und mit der wir vor Gott bestehen können. Dazu kommt Jesu Auferstehung als Bestätigung dafür, dass Sein Versöhnungstod von Gott anerkannt wird. Da es zum Versöhnungstod keine religionsgeschichtliche Parallele gibt, ist dieser gegenüber den Baha'i in erster Linie als Argument für den Einzigartigkeitsanspruch zu betonen. Zu den Ich-Bin-Worten Jesu gibt es bei Baha'u'llah wie bereits oben gezeigt, eine Parallele.
Der Christ vermag aber kraft der Verbindung zu Seinem Erlöser nur Zeichen vom Reich Gottes zu setzen. Gerechtigkeit und Heiligung, die

grossen ethischen Prinzipien, kulminieren in Ihm, in Christus. So sagt Paulus in 1.Kor.1, 30: *Von Ihm aber kommt es, dass ihr in Christus Jesus seid, der uns zur Weisheit gemacht worden ist von Gott, zur Gerechtigkeit und zur Heiligung und zur Erlösung."*
Christen repräsentieren und verwirklichen diese Werte und Elemente der Wahrheit, eben Gerechtigkeit und Heiligkeit, nur fragmentarisch. Doch in Jesus sind diese Werte überhöht und in vollkommener Weise vorhanden. Deshalb ist auch von Ihm die Vollendung der Welt im Sinn eines ewigen Friedensreiches zu erwarten. Sind doch Gerechtigkeit und konstruktiv ethisches Handeln (Heiligung) Voraussetzung zum Frieden.
Bei den Baha'i ist das anders. Gott gibt wohl den Menschen Kraft, eine neue Weltordnung zu schaffen, die sich in einer Welteinheitsgesellschaft mit nur einer Sprache, Welteinheitspolitik, Welteinheitswirtschaft und Welteinheitsreligion zeigen wird. Der Ball ist aber bei den Menschen. Bei ihnen liegt die letzte Verantwortung zur Verwandlung dieser Welt in eine gerechte Gesellschaft mit dauerndem Frieden.
Von Jesus heisst es aber in Epheser 2,14, dass Er unser Friede sei. Jesus könnte durchaus gemäss Seinen Ich- bin- Worten gesagt haben: *„Ich bin der Frieden".* Jesus hat über den Frieden so gesprochen, dass es Seinen Ich- bin – Worten sehr nahe kommt. Es handelt sich um jenes von Ihm überlieferte Wort in Joh.14, 27: *„Frieden lasse Ich euch zurück, Meinen Frieden gebe Ich euch. Nicht wie die Welt gibt, gebe Ich euch."*
Die messianische Prophetie in Jesaja 9,6-7 [64] ermutigt in der Richtung, dass die letzte Erneuerung mit bleibendem Frieden vom vorausgesagten Erlöser zu erwarten ist:
„Denn ein Kind ist uns geboren, ein Sohn ist uns gegeben, und die Herrschaft kommt auf Seine Schulter, und Er wird genannt: Wunderrat,

---

[64] E. J. Young, The Book of Isaiah, Vol. I, Grand Rapids 1976, pp. 339-346

starker Gott, Ewigvater, Friedefürst. Gross wird die Herrschaft sein und des Friedens kein Ende auf dem Throne Davids und über Seinem Königreich, das Er festigt und stützt durch Recht und Gerechtigkeit von nun an bis in Ewigkeit. Das wird der Eifer des Herrn der Heerscharen tun."
In diesem Zusammenhang ist auch an Offenbarung 21,1-5 zu erinnern mit der Verheissung der gesamten Neuwerdung alles Geschaffenen, wobei 2.Petrus 3,13 die Erwartung des neuen Himmels und der neuen Erde in enge Verbindung mit der Gerechtigkeit bringt.

Das Wahrheitselement der „Zuverlässigkeit" bedarf der weiteren Erwähnung.

Ich habe ganz am Anfang meiner Darstellung von Wahrheit auf den hebräischen Begriff „ämät" zurückgegriffen, was Zuverlässigkeit, Verlässlichkeit und Treue bedeuten kann.

Auch bei diesem so wichtigen Element der Wahrheit, eben dem der Verlässlichkeit, finden wir bei Paulus eine Aussage über Jesus Christus, die substanziell durchaus mit den johanneischen Ich – bin- Worten Jesu korrespondiert. Jesus hätte von sich durchaus sagen können: *„Ich bin die Verlässlichkeit".* Paulus sagt das aber mit etwas andern Worten von Jesus in 1.Korinther 3,11: *„Einen andern Grund kann niemand legen als den, der gelegt ist, welcher Jesus Christus ist."* Damit erhebt Paulus in Bezug auf die Verlässlichkeit Jesu einen Absolutheitsanspruch. Es gibt nichts, das Jesus ebenbürtig wäre hinsichtlich Zuverlässigkeit. Er ist gleichsam das Fundament, auf dem wir unser Leben aufbauen können. Wenn Jesus nach Johannes 14,6 die Aussage von sich macht: *„Ich bin der Weg, die Wahrheit und das Leben...",* so ist damit gesagt, dass alle jene in dieser Darstellung erwähnten Elemente, die zur Wahrheit gehören, von Jesus überhöht, ja in Ihm ihre Vollendung finden. Wir müssen folgendes unterscheiden, wenn wir die Ich-Bin-Worte Jesu für Seinen Absolutheitsanspruch in Anspruch nehmen: Wir müssen

auseinanderhalten, was wir für uns selber, zu unsrer eigenen Gewissheit des Glaubens ins Feld führen und was wir für Andersgläubige auf den Leuchter stellen. Die Ich-Bin-Worte Jesu sind durch Baha'u'llahs Aussagen relativiert, es sei denn, dass wir von der Annahme ausgehen, Baha'u'llah habe seine Ich-Bin-Worten dem NT entnommen. Der Versöhnungstod Jesu am Kreuz hebt sich von allen Heilsaussagen in andern Religionen bei weitem ab vor allem in qualitativer Hinsicht.
Das fünfte noch anzuhängende Element, das von nicht zu unterschätzender Bedeutung ist, finden wir in der Lehre der Wiederherstellung der Ganzheitlichkeit in dem Sinn, dass zusätzlich zur erneuerten geistigen Ausrichtung des Menschen durch seinen Glauben an Jesus Christus auch die leibliche Hülle des Gläubigen wiederhergestellt wird in Form eines Herrlichkeitsleibes mit vollkommener Ästhetik. Aber auch die gesamte sinnliche und physische Dimension, das heisst der ganze Kosmos wird im Sinn verklärter Materie neu geschaffen. Das ist das Geheimnis der Auferstehung, wie sie uns in 1.Kor.15; Philipper 3,20-21; Römer 8,11+19-23; 2.Korinther 5,1-8 und an vielen andern Stellen gelehrt wird. Die Wiederherstellung der Ganzheitlichkeit ist tatsächlich etwas Einzigartiges, das unbedingt zu den ganz wesentlichen Aspekten des Absolutheitsanspruchs gehört.
Baha'u'llah hat nach Auffassung der Baha'i die allen Religionen zugrunde liegende Wahrheit in seinem „Kitab-i-Aqdas" und in andern Schriften auf den Leuchter gestellt. Er hat, was den Wahrheitsbegriff und die Kommunikationsmethoden angeht, viel Wertvolles und Übereinstimmendes mit der biblischen Botschaft, vor allem hinsichtlich der „humanitas Dei" und der Ethik. Aber dass Gott in Seiner „humanitas Dei" Mensch geworden ist – was die Engel in Lukas 2,13-14 bezeugen - und sich mit unsern Sorgen und Nöten solidarisiert, dafür gibt es keine wirkliche Parallele. Wenn Baha'u'llah auch wie eine göttliche

messianische Person erscheint, es fehlt zumindest die Beglaubigung durch Engel, vor allem die Beglaubigung durch prophetische Stellen, die von Jungfrauengeburt als Frucht einer Zeugung durch den Hl. Geist sprechen.

Die Wiederherstellung der auch mit dem Menschen gefallenen Materie im Sinn einer geläuterten physischen Dimension scheint den Baha'i fremd zu sein.

Noch einzigartiger ist das „pro me" Gottes in Jesus. Gott hat etwas konkret als Ausdruck Seines Liebesbundes für uns getan durch Kreuz und Auferstehung, was uns entlastet. Wir müssen nicht mit grossen ethischen Leistungen uns jene Gerechtigkeit erwerben, die vor Gott gilt. Von uns als Christen ist dank der Erneuerung durch den Hl. Geist durch dessen Früchte jedoch erwartet, dass unser Leben im Sinn der Mischrechnung konstruktiv und nicht destruktiv ist. Wir müssen uns nicht gedulden, bis wir als Menschheit den nötigen Vollkommenheitsgrad erworben haben, der schliesslich den endgültigen Frieden auf Erden bringen wird.

Wir sind berufen, Zeichen von Gottes Reich zu setzen, und wir dürfen als Christen das auch als unvollkommene Menschen tun, die Fehler machen, jedoch von der Vergebung leben.

Dass Gott nach Seiner Verheissung letztlich für die neue Erde und den neuen Himmel die Verantwortung übernimmt, ist nicht nur eine Entlastung für uns, dies gibt uns auch eine Gelassenheit. Es mag vieles drunter und drüber gehen auf dieser Erde, das Wissen, dass Gott durch Jesus auch auf krummen Zeilen gerade schreibt, ist etwas Einzigartiges.

Wenn die Baha'i mit ihrer Glaubenshaltung einen Absolutheitsanspruch vertreten und diesen im interreligiösen Dialog in vorbildlicher Art einbringen durch ihren Respekt und ihre Wertschätzung des Gesprächspartners und sogar vor dem Auftrag des Missionierens nicht zurückschrecken, wie viel mehr Grund haben wir Christen vor allem

aufgrund des NT, den Einzigartigkeitsanspruch von Gottes Wort hochzuhalten! Geht es doch um unendlich mehr als um erkenntnistheoretische Wahrheit, es geht um das *„verbum caro factum est“* von Johannes 1,14 und um das *„Cum autem benignitas et humanitas apparuit Salvatoris nostri Dei,...“* von Titus 3,4.
Mit Gelassenheit dürfen, ja sollen wir diese Person gewordene Wahrheit in Liebe bezeugen. Paulus spricht in Epheser 4,15 davon, dass wir die Wahrheit in der Liebe festhalten sollen. Die Baha'i erinnern uns mit ihrer Taktik des Dialogs daran, die Andersartigkeit der religiösen Auffassungen des Gesprächspartners nicht negativ zu qualifizieren, sondern sie zur Kenntnis zu nehmen, Unterscheidendes aber trotzdem klar zur Sprache zu bringen.
Weil der Absolutheitsanspruch der Botschaft im NT mit derart konstruktiven und menschenfreundlichen Werten belegt ist und dessen Bezeugung nie ein Aufdrängen sein darf, sondern ein Angebot, deshalb dürfen wir davon ausgehen, dass wir unsern andersgläubigen Gesprächspartner nicht verletzen, sondern ihn sogar mit diesem Angebot ehren. Wir dürfen ja mit dem Hl. Geist rechnen, der aus dem Gespräch wesentlich mehr entstehen lässt als es in einem rein menschlichen Dialog möglich ist. Dank dem Hl. Geist, der ja nach Johannes 16,13-14 als Geist der Wahrheit Jesus verherrlicht und in die ganze Wahrheit führt, ereignet sich eben „Trilog“ oder „Trialog“, was den Dialog bei weitem übertrifft. Als Christen stehen oder sitzen wir dem Andersgläubigen nie als bessere oder wertvollere Menschen gegenüber. Wir stehen ihnen gegenüber als begnadete Sünder mit einer geschenkten, nicht mit einer durch menschliche Kraftanstrengungen erworbenen Gerechtigkeit. Auch das entlastet uns und gibt uns eine Gelassenheit, weil uns jeglicher Grund zum Selbstruhm und zur Arroganz genommen ist, was so deutlich Paulus in Römer 3,23 sagt: *„Alle haben ja gesündigt und ermangeln der Ehre vor*

Gott und werden gerecht gesprochen ohne Verdienst durch Seine Gnade mittels der Erlösung, die in Christus Jesus ist. Ihn hat Gott hingestellt als ein Sühnopfer durch den Glauben in Seinem Blut zur Erweisung Seiner Gerechtigkeit..."

Wenn wir auf denjenigen hinweisen, der sich an die Müheseligen und Beladenen wendet und der auch in Johannes 6 sagt: „*Wer auch immer zu mir kommt, den werde ich nicht von Mir stossen"*, dann ist der Absolutheitsanspruch eben eingebettet in einen Anspruch, der zu tiefst von der Menschenfreundlichkeit Gottes geprägt ist und der sich an alle Menschen so wendet, dass ein jeder in seiner Freiheit ernst genommen ist. Das nicht Totalitäre, das mündig Machende, das, was tröstlich und auch im Hinblick auf die Ewigkeit hin ermutigend ist, das mit andern zu teilen, kann sicherlich nicht Arroganz sein. Mit dem Menschenfreundlichsten, das es gibt, nämlich mit dem Evangelium der „humanitas Dei" die Andersgläubigen im erweiterten Dialog des „Trialogs" zu konfrontieren, kann unmöglich arrogant sein, weil der Christ ja um seine Unzulänglichkeit und auch darum weiss, dass sein Erkennen Stückwerk ist. Selbst dann, wenn wir als Christen die Auffassungen des Andersgläubigen uns nicht zu eigen machen können, so nehmen wir die Gleichwertigkeit und Ebenbildlichkeit Gottes im andern wertschätzend wahr. Menschenfreundlichkeit Gottes weiter zu geben muss zum Absoluten und nicht Aufgebbaren gehören. Die Baha'i ermutigen uns Christen, am Begriff des Absolutheitsanspruchs nicht wegen „Political Correctness" irre zu werden und deswegen sind wir den Baha'i in dieser Hinsicht zu grossem Dank verpflichtet.

Vergessen wir nicht, was uns Petrus im 3.Kp. seines ersten Briefes ans Herz legt: *„Und wen gibt es, der euch etwas Böses zufügen könnte, wenn ihr dem Guten nacheifert? Doch wenn ihr auch leiden solltet um der Gerechtigkeit willen, selig seid ihr! Furcht aber heget nicht vor ihnen und*

lasset euch nicht erschrecken, sondern den Herrn Christus haltet heilig in euren Herzen, allezeit bereit zur Verantwortung gegen jeden, der von euch Rechenschaft fordert über die Hoffnung, die in euch ist, jedoch mit Sanftmut und Ehrerbietung."
Als Christen verkraften wir auch das Bezeugen von Aussagen wie in Philipper 2,5-11, wenn der dort erhobene Einzigartigkeitsanspruch als Wahrheit in der Liebe im „Trialog" weitergegeben wird: *„Diese Gesinnung heget in euch, die auch in Christus Jesus war, als Er in Gottes Gestalt war, es nicht für einen Raub hielt, wie Gott zu sein, sondern sich selbst entäusserte, indem Er Knechtsgestalt annahm und den Menschen ähnlich wurde; und der Erscheinung nach wie ein Mensch erfunden, erniedrigte Er sich selbst und wurde gehorsam bis zum Tod, ja bis zum Tod am Kreuz. Daher hat Ihn auch Gott über die Massen erhöht und Ihm den Namen geschenkt, der über jeden Namen ist, damit in dem Namen Jesu sich beuge jedes Knie derer, die im Himmel und auf Erden und unter der Erde sind, und jede Zunge bekenne, dass Jesus Christus der Herr ist, zur Ehre Gottes, des Vaters."*
Dabei geht es nicht um Rechthaberei, um Durchsetzung von menschlicher Macht, sondern letztlich um das, was allen Menschen zugute kommen soll: Die Menschenfreundlichkeit Gottes in Jesus Christus.

Literaturangaben

Quellen

Koran, Goldmann Verlag, München 1959
Baha'u'llahs „Kitab-i-Aqdas", Haifa 1992
Abdu'l-Baha, Ansprachen in Paris, Hofheim Langenheim 1984
Abdu'l-Baha, das Geheimnis göttlicher Kultur, Oberkalkbach 1973
Baha'u'llah, Die verborgenen Worte, Hofheim 1982
Baha'u'llah, Ährenlese, Hofheim 1980
Baha'u'llah, Botschaften aus Akka, Hofheim 1982
Baha'u'llah, Brief an den Sohn des Wolfes 19, Frankfurt 1966
Shogi Effendi, die Weltordnung Baha'u'llahs, Hofheim 1977
Udo Schäfer, Freiheit und ihre Schranken; zum Begriff der Freiheit in Baha'u'llahs Kitab-i-Aqdas, Hofheim 1994
Udo Schäfer, der Baha'i in der modernen Welt, Strukturen eines neuen Glaubens, Hofheim 1981
Udo Schäfer, die mystische Einheit der Religionen, Hofheim 1997
Susanne Schaup, Welcher Ring ist der echte? Horizonte Verlag, Stuttgart 1994
Was tragen die Schriften der Baha'i-Religion zum interreligiösen Dialog bei? Eine Text- Zusammenstellung, hrsg. vom Koordinationsausschuss der Berliner Baha'i - Gemeinden, Berlin 2002

Sekundärliteratur

M.A. Gabriel, Islam und Terrorismus, Verlag Ingo Resch, D-Gräfelfing 2005
Ignaz Goldziher, Vorlesungen über den Islam, Heidelberg 1963
Karl Hutten, Seher, Grübler, Enthusiasten, Stuttgart 1982
Manfred Hutter, „Der Kitab-i-Aqdas", Kernstück der Lehren der Baha'i-Religion, in Materialdienst der EZW (evangelische Zentralstelle für Weltanschauungsfragen), Nr.6 vom 1.Juni 1995, SS.172-78
Daniel Jeyaraj, Theologische Leitlinien für den interreligiösen Dialog, Vortrag vom 2.11.1996, gehalten in Aarau; siehe Idea Spektrum 155/96 unter dem Titel: Wenn Christen den Religionen begegnen
Encyclopedia of Islam, ed. on behalf of the Royal Netherlands Adademy by H.A.R. Gibb and J.H. Kramers, Leiden 1961

R. Jockel, Die Lehre der Baha'i-Religion, Diss., Darmstadt 1952 (die meisten Zitate aus dem Kitab-i-Aqdas sind aus Jockels Dissertation entnommen)

Konkordanz zum Hebräischen AT, Württembergische Bibelanstalt, Stuttgart 1958

Lateinisch-Deutsches Handwörterbuch, hrsg. K.E. Georges, Bd.II, Hannover 1988

Peter Masters, "World Dominion: The High Ambition of Reconstructionism", The Wakeman Trust, London 1994

Leon Morris, The Gospel according to John, New London Commentaries, London 1974

E.J. Young, The Book of Isaiah, Vol. I, Grand Rapids 1976

Printed by Books on Demand GmbH, Norderstedt / Germany